청년아 일어나
RISING LION
위대한 길을 가자!

청년아 일어나
RISING LION
위대한 길을 가자!

| 김평육 지음 |

쿰란출판사

머리말

청년아 일어나 위대한 길을 가자!

　세계에는 어려운 일이 많고, 우리의 주변은 어수선합니다. 기후 변화로 인한 자연 재해는 해마다 그 강도가 높아지고, 세계 곳곳에서는 무자비한 전쟁으로 많은 사람이 생명을 잃고 있습니다. 나라마다 정치적, 경제적 상황이 점점 어려워지는 것을 봅니다.

　냉전시대가 막을 내렸는가 했는데, 더욱 심각한 신냉전시대에 돌입하고 있습니다. 양 진영의 대립이 아닌, 여러 가지 분쟁요소가 세계 곳곳에서 동시다발적으로 분출합니다.

　한국의 정치상황도 혼란스럽고, 기업이 성장을 멈춘 듯 많은 청년들이 직장을 찾지 못하고 있습니다. 출산율 저하로 인구 감소를 체감하고 있습니다.

　많은 학교들이 문을 닫고, 주일학교가 없는 교회가 많습니다. 선교지에도 청년들의 발걸음이 뚝 그쳤습니다. 한국 교회가 힘을 잃었습니다.

　이런 시대적 환경에서 기독 청년들이 위대한 사명의 길을 발견할 수 있기를 바랍니다.

하나님은 어려운 시대마다 위대한 지도자들을 보내 교회를 개혁하고, 민족을 살리고 나라를 구하셨습니다. 기독 청년들을 향한 하나님의 부르심입니다.

건강한 가정을 세우고, 타락한 교회를 개혁하고, 무너진 교회를 재건하는 영적 지도자들이 일어나야 합니다. 땅끝까지 복음을 전하며, 헐벗고 병든 자들을 위해 헌신하는 삶을 살아가는 사명자들이 필요합니다.

분열된 국민들의 마음을 하나로 새롭게 하며, 정의와 공의로 나라를 다스리는 위대한 정치, 정부 지도자들이 세워져야 합니다. 무너진 경제를 일으켜 나라를 다시 부강하게 하고, 국가와 가정의 경제를 지켜 줄 경제계 지도자가 요청됩니다.

문화, 예술, 체육 분야에서 하나님이 주신 달란트와 성경적 가치관으로 한국의 기독 청년들이 하늘의 별과 같이 빛남으로 하나님의 영광을 드러낼 수 있기를 바랍니다.

거짓 기사와 왜곡된 보도로 사회를 분열시키는 신문, 방송, 미디어 분야에 정직과 진실로 언론을 이끌어 가는 언론인들이 있어야 합니다. 교육이념이 표류하고 교권을 박탈당한 학교 캠퍼스에 영혼 구원의 선교적 사명감을 갖고 학생들을 지도할 참 교사가 필요합니다.

한국의 기독 청년들이 우리나라뿐 아니라 세계 평화의 시대를 이끌어가는 위대한 지도자가 되기를 바라면서 이 책을 펴냅니다.

예수님은 베데스다 연못의 행각에서 물이 움직이는 것을 기다리며 앉아 있는 병자에게 "일어나, 네 자리를 들고, 걸어가라"(요 5:8) 말씀하셨습니다. 물이 움직일 때 자신을 물에 넣어 줄 사람이 없는 현실에 좌절했던 병자가 '일어나', '자리를 들고', '걸어가는' 실행을 통해 기적을 경험하였습니다.

이 책에서 제시하는 '용사여 일어나라!', '위대한 길을 준비하라!', '하나님과 함께 가라!'는 내용을 통해 자신을 발견하고 일어나, 현재의 환경을 극복하고, 위대한 길을 가는 기적을 경험하기 바랍니다.

〈1부 - 용사여 일어나라!〉에서는 '수치를 굴려 버리라! (길갈)', '변화되자! (마음, 눈, 귀)', '내 안에 큰 용사를 찾아라!'라는 내용을 다루었습니다. 청년들이 현재의 자리, 분노와 좌절과 실망, 불평과 부정적 사고에 매몰된 자리에서 일어나는 결단을 요구합니다.

〈2부 - 위대한 길을 준비하라!〉에서는 '하이어 콜링 - 비전', '기드온과 삼백 용사', '스스로 개척하라!', "리더십의 핵심가치와 결단"이라는 내용을 통해 하나님의 부르심을 확인하고, 위대한 길을 가기 위해 어떻게 자신을 준비해야 하는지를 다루고 있습니다. 환경을 탓하지 않고 현재의 환경을 극복하고 새로운 길을 개척하는 준비입니다.

〈3부 - 하나님과 함께 가라!〉는 '점점 강성하여 가니라', '겸손한 리더가 되라!', '일어나 바로 서라!', '위대하게 만들어 주리라'는 내용을 통해 하나님이 주신 사명의 길, 위대한 길을 하나님과 함께 가야 함을 강조합니다. 위대한 왕이었던 다윗에 대하여 살펴보며 이야기를 전개하고 있습니다.

부록에서는 세븐 마운틴스 운동을 소개합니다.
아프리카의 복음화가 아프리카 사회 전반에 뿌리내리도록, 우리 선교회 학교에서 진행하는 클럽운동을 소개한 것입니다. 청소년, 대학생, 청년들이 진로를 결정하는 데 도움이 될 것으로 기대합니다.

차례

머리말_4

1부 용사여 일어나라!

1. 수치를 굴려 버리라! (길갈)   14
2. 변화되자! (마음, 눈, 귀)   31
3. 내 안에 있는 큰 용사를 찾아라!   48
간증 1 나는 이렇게 비전을 받았다   65

2부 위대한 길을 준비하라!

1. 하이어 콜링 - 비전   76
2. 기드온과 삼백 용사   94
3. 스스로 개척하라!   111
4. 리더십의 핵심가치와 결단   129
간증 2 나는 이렇게 아프리카에 복이 되었다   147

3부 하나님과 함께 가라!

1. 점점 강성하여 가니라   164
2. 겸손한 리더가 되라!   181
3. 일어나 바로 서라!   198
4. 위대하게 만들어 주리라   215

부록

세븐 마운틴스 운동(기독교 영향력이 필요한 사회의 7개 영역)   233

1부
용사여 일어나라!

이스라엘 백성들은 애굽에서 430년간 번성하였지만, 오랜 세월을 노예로 살았기 때문에 그들의 의식에 노예근성이 형성되었습니다. 그들은 고된 노예 생활을 하면서도 하나님이 약속하신 가나안 땅으로 가기 위해 그 누구도 일어서지 못하고 주저앉아 있었습니다. 하나님은 울부짖는 이스라엘 백성에게 모세를 보내어 그들을 일으키사 가나안 땅으로 인도하셨습니다.

이스라엘은 하나님이 행하시는 놀라운 이적을 경험하고도 과거 노예의 습관을 버리지 못하였습니다. 과거를 청산하지 못하고 변화되지 않는 20세 이상의 성인들은 약속의 땅을 밟지 못했습니다. 하나님을 경험하고 변화된 새 세대로 다시 큰 민족을 이루어 가나안 땅을 정복하도록 하셨습니다.

'수치를 굴려 버리라 (길갈)'는 과거 청산에 대한 내용입니다. 이스라엘이 오랜 세월 노예로 지내다 보니 노예근성이 뿌리박혔던 것처럼 사람에게는 죄인의 생활에 스며 있는 습관들이 있습니다. 위대한 길을 가기 위해서는 가장 먼저 그 죄와 습관을 청산해야 합니다. 하나님은 죄의 종노릇하는 인간을 구원하기 위하여 아들을 이 땅에 보내주셨습니다. 위대한 그리스도인의 새 삶은 과거 청산에서 시작됩니다.

'변화되자! (마음, 눈, 귀)'는 변화에 대하여 생각합니다. 이스라엘 백성들이 하나님을 경험하고도 변화되지 못한 이유는 '깨닫는 마음', '보는 눈', '듣는 귀'가 없었기 때문입니다. 위대한 길을 가기 위해서는 먼저 변화되어야 합니다. 사람은 마음과 눈과 귀가 변해야 온전한 변화가 일어납니다.

'내 안에 큰 용사를 찾아라!'는 자기 발견에 대한 내용입니다. 좌절과 무기력의 자리에서 일어나기 위해서는 자기 안에 있는 용사를 찾아야 합니다. 하나님은 한 사람 한 사람을 특별한 부르심으로 이 땅에 보내셨습니다. 그리고 그 사람을 통해 하나님의 선한 뜻을 이루십니다. 하나님의 뜻을 이룰 사람을 준비시키기 위해 그의 일생을 주관하시며 연단하십니다. 각 사람 안에 용사를 키우십니다. 내 안에 있는 용사를 찾아야 일어날 수 있습니다.

1.
수치를 굴려 버리라!(길갈)

"그들의 대를 잇게 하신 이 자손에게 여호수아가 할례를 행하였으니 길에서는 그들에게 할례를 행하지 못하였으므로 할례 없는 자가 되었음이었더라 또 그 모든 백성에게 할례 행하기를 마치매 백성이 진중 각 처소에 머물며 낫기를 기다릴 때에 여호와께서 여호수아에게 이르시되 내가 오늘 애굽의 수치를 너희에게서 떠나가게 하였다 하셨으므로 그곳 이름을 오늘까지 길갈이라 하느니라"(여호수아 5:7-9)

가나안 땅에서 형들의 미움을 받아 애굽에 종으로 팔려간 요셉이 총리가 되어 야곱의 전 가족을 초청해서 이주케 하였습니다. 그들은 430년간 애굽에서 번창하였지만 요셉이 죽은 후에 애굽 사람들에게 요셉은 잊혔고, 이스라엘은 노예로 전락하였습니다.

이스라엘 사람들에게는 '노예근성'이 형성되었습니다. 우리는 성경을 통해 노예근성이 어떤 것인지를 알 수 있습니다.

"그들이 또 모세에게 이르되 애굽에 매장지가 없어서 당신이 우리를 이끌어 내어 이 광야에서 죽게 하느냐 어찌하여 당신이 우리를 애굽에서 이끌어 내어 우리에게 이같이 하느냐 우리가 애굽에서 당신에게 이른 말이 이것이 아니냐 이르기를 우리를 내버려 두라 우리가 애굽 사람을 섬길 것이라 하지 아니하더냐 애굽 사람을 섬기는 것이 광야에서 죽는 것보다 낫겠노라"(출 14:11-12).

"이스라엘 자손 온 회중이 그 광야에서 모세와 아론을 원망하여 이스라엘 자손이 그들에게 이르되 우리가 애굽 땅에서 고기 가마 곁에 앉아 있던 때와 떡을 배불리 먹던 때에 여호와의 손에 죽었더라면 좋았을 것을 너희가 이 광야로 우리를 인도해 내어 이 온 회중이 주려 죽게 하는도다"(출 16:2-3).

두려움과 원망과 책임전가, 자유보다 한 끼니의 배부름을 갈구하는 비굴한 사람들이었던 것을 알 수 있습니다. 작은 장애물조차 돌파할 힘도 의지도 없이 과거로 돌이키는 모습을 봅니다.

어떤 나라가 다른 나라에 식민지배를 당하면, 독립을 하더라도 식민지 생활이 남긴 사회적, 정신적 영향을 완전히 극복하기 위해서는 식민지배를 당한 만큼의 세월이 필요하다고 합니다. 집단적 트라우마와 열등감이 쉽게 사라지지 않기 때문입니다. 한국은 36년간 일본의 강점기가 있었는데, 독립 후 오랫동안 혼란기를 지낸 경험이 있습니다.

아프리카 선교사로 사역하면서 아프리카는 아직도 아프다는 생각을 하게 되었습니다. 한 세기를 유럽의 식민지로 지배와 수탈을 당했으니, 현재 아프리카의 아픔은 식민지의 잔재라는 것을 알 수 있습니다. 이제는 많이 회복되고 스스로의 발전이 시작되고 있지만, 완전한 회복에는 아직 많은 시간이 필요합니다.

2006년에 아프리카의 지도자들을 한국에 초청하는 사역을 시작하였습니다. 아프리카의 변화는 지도자들이 식민시대의 과거를 청산하고 변화되어야 한다는 생각 때문이었습니다. 아프리카가 변화의 물살을 타게 되면 한국의 경험이 도움이 될 것이라고 생각하여, 한국의 발전 모습을 보여주었습니다. 정치계, 경제계, 교계 지도자들을 한국으로 초청하였습니다. 2010년까지 5년간 450명 이상의 아프리카 지도자들을 초청하여 대접하면서 그들의 아픔을 조금 더 깊이 알 수 있게 되었습니다.

영국 성공회 비숍 한 분을 초청하였는데 아내와 아들이 함께 참여하겠다는 것입니다. 비숍의 항공료는 선교회가 부담하지만 아내와 아들의 항공권은 본인이 마련하면 가능하다고 하였습니다. 비숍은 아내와 아들을 위해 당시 1500달러 정도의 항공권 두 장을 본인이 부담하여 한국에 왔습니다.

그런데 비숍의 아내가 팀 리더를 통해 저와의 만남을 요청하는 것입니다. 어떤 도움을 요청하려는 것 같아서 모른 척하려는데, 계속하여 요구하니 어쩔 수 없이 대면하였습니다. 그분이 막내 딸의 학비 지원을 요청하는 것이었습니다. 한 학기에 200달러인 등록금을 낼 수 없다며 도와달라는 것입니다. 한국을 방문하기 위해 항공료를 부담하고 참여한 비숍의 아내가 선교사에게 200달러의 등록금을 도와달라고 부탁하는 것을 듣고 놀란 적이 있습니다.

성경 이야기로 돌아가 보면, 이스라엘 사람들의 모습이 그랬습니다. 그들은 열 가지 재앙을 통해 애굽의 우상들을 부수는 하나님의 능력을 경험하고서도 우상 숭배의 생활습관을 버리지 못하였습니다.

출애굽한 후에 광야를 방황하던 어느 날 모세가 사라졌습니다. 시내산으로 올라간 모세가 나타나지 않자 두려움에 싸인 그들은 애굽에서 가장 큰 신으로 섬기던 송아지 우상을 금으로 만들었습니다. 그들은 그것이 애굽에서 자신들을 인도해 낸 신이라고 숭배하였습니다. 금송아지를 만들고 "번제를 드리며 화목제를 드리고 백성이 앉아서 먹고 마시며 일어나서 뛰노는"(출 32:6) 애굽에서의 행위를 버리지 못하였습니다.

하나님은 이스라엘 백성들의 이런 행동에 진노하여 "내가 이 백성을 보니 목이 뻣뻣한 백성이로다 그런즉 내가 하는 대로 두라 내가 그들에게 진노하여 그들을 진멸하고 너를 큰 나라가 되게 하리라"(출 32:9-10)라고 하십니다.

하나님은 이스라엘을 가나안 땅으로 인도하기 위해 430년이라는 긴 세월 동안 그들의 생육과 번성을 기다리셨습니다. 가나안 땅에 거주하였더라면 여러 족장들 사이에서 소멸되거나 흡수되어 버렸을 야곱의 가족을 애굽의 비옥한 고센 땅에 정착하게 하셨습니다. 그곳에서 이스라엘 백성은 200만 명 이상의 큰 백성으로 번성하여 가나안으로 가는 길입니다.

가나안 정탐을 위해 보냈던 열두 명의 정탐꾼이 정탐을 마치고 돌아왔습니다. 열 명의 정탐꾼은 하나님이 약속하신 땅을 악평하며 부정적으로 보고하였고, 백성들은 하나님을 믿지 않았습니다. 그것이 광야에서 이스라엘 백성이 40년간 방황하는 원인이 되었고, 20세 이상의 성인들에게는 가나안 땅이 허락되지 않았습니다.

> "애굽에서 나온 자들이 이십 세 이상으로는 한 사람도 내가 아브라함과 이삭과 야곱에게 맹세한 땅을 결코 보지 못하리니 이는 그들이 나를 온전히 따르지 아니하였음이니라 그러나 그나스 사람 여분네의 아들 갈렙과 눈의 아들 여호수아는 여호와를 온전히 따랐느니라 하시고 여호와께서 이스라엘에게 진노하사 그들에게 사십 년 동안 광야에 방황하게 하셨으므로 여호와의 목전에 악을 행한 그 세대가 마침내는 다 끊어졌느니라"(민 32:11-13).

1) 하나님의 기대 – 과거 청산

하나님이 이스라엘에게 원하신 것은 과거의 수치를 굴려 버리는 과거 청산이었습니다. 노예의 근성을 버리기를 원하셨는데, 그들은 과거를 벗어나지 못했습니다. 그래서 하나님은 20세 이하의 청소년들과 광야에서 태어난 새 세대로 큰 나라를 만들어 가나안 땅을 허락하셨습니다.

모세의 뒤를 이어 이스라엘의 지도자가 된 여호수아는 젊은 세대를 이끌고 요단강을 건넜습니다. 애굽을 떠나 홍해 앞에 섰던 부모 세대는 모세를 원망하며 울부짖었었지만 요단강 앞에 선 2세들은 달랐습니다. 물이 넘쳐 흐르는 요단강을 건너간다는 여호수아의 말에 항의하는 사람이 없었습니다. 두려워하거나 원망하는 사람도 없었습니다. 언약궤를 메고 강으로 들어가라는 여호수아의 말에 제사장들이 순종하였습니다. 그들은 요단강이 갈라지는 광경을 목격하였고, 마른 땅으로 요단강을 건넜습니다.

열두 지파의 대표들이 요단강 가운데 있던 큰 돌을 메고 나왔습니다. 요단강을 마른 땅으로 건넜음을 기억하는 상징물로 열두 개의 돌을 세웠습니다. 여호수아는 백성들에게 할례를 행하고 그곳 이름을 '길갈'이라 하였습니다.
"애굽의 수치를 너희에게서 떠나가게 하였다"(수 5:9)라는 뜻입니다.

개역한글 성경에서는 "애굽의 수치를 너희에게서 굴러가게 하였다"라고 번역하고 있습니다. 길갈에서 이스라엘 백성들은 할례를 행하고 애굽의 모든 수치를 떼어 굴려 버리고 완전히 변화된 새로운 하나님의 백성으로 거듭난 것입니다.

우리는 어떻게 수치스러운 삶을 살고 있는지 생각해 보아야 합니다. 하나님은 과거의 수치를 굴려 버리라고 요청하십니다.

2) 죄의 수치

예수님께서는 "진실로 진실로 너희에게 이르노니 죄를 범하는 자마다 죄의 종이라"(요 8: 34)라고 하셨습니다. 이어서 "너희는 너희 아비 마귀에게서 났으니 너희 아비의 욕심대로 너희도 행하고자 하느니라 그는 처음부터 살인한 자요 진리가 그 속에 없으므로 진리에 서지 못하고 거짓을 말할 때마다 제 것으로 말하나니 이는 그가 거짓말쟁이요 거짓의 아비가 되었음이라"(요 8:44)라고 하셨습니다.

아담을 범죄케 하여 죄의 종이 되게 한 마귀는 여전히 사람들을 죄의 사슬에 묶어두려고 합니다. '죄의 종'이라는 수치스러운 자리에서 일어나기 위해서는 마귀의 올무가 무엇인지 알아야 합니다. 적을 알아야 대적하여 승리할 수 있기 때문입니다.

성경에 마귀는 여러 가지 이름으로 인간 세상에서 활동하고 있음을 말해주고 있습니다. 마귀의 이름의 뜻으로 마귀의 계략을 파악할 수 있습니다.

① **사탄, 대적하는 자**(Adversary) (벧전 5:8-9)

베드로 사도는 "근신하라 깨어라 너희 대적 마귀가 우는 사자같이 두루 다니며 삼킬 자를 찾나니 너희는 믿음을 굳건하게 하여 그를 대적하라"라고 하였습니다.

마귀는 하나님의 모든 선한 계획을 대적하고 방해하는 자입니다. 우리가 하나님의 뜻대로 살려고 하면 대적하여 길을 막습니다. 이런 상황에서 마귀를 대적하라고 말합니다.

② **원수**(Enemy) (마 13:24-30)

예수님은 천국 비유를 말씀하시면서 "천국은 좋은 씨를 제 밭에 뿌린 사람과 같으니 사람들이 잘 때에 그 원수가 와서 곡식 가운데 가라지를 덧뿌리고 갔더니…"라고 말씀하십니다. 하나님은 사람의 마음에 좋은 씨를 뿌려 자라기를 원하시는데, 마귀는 인간의 마음에 두려움, 불평, 근심, 분열과 같은 가라지를 뿌리는 원수의 행위를 하는 존재입니다.

③ **송사하는 자**(Accuser) (욥 1:8-10)

욥기는 하나님의 천사들이 하나님 앞에 모이고 사탄도 하나님 앞에 서는 장면으로 시작됩니다. 하나님이 사탄에게 "네가 내 종 욥을 주의하여 보았느냐 그와 같이 온전하고 정직하여 하나님을 경외하며 악에서 떠난 자는 세상에 없느니라"라고 하셨습니다. 하나님은 욥을 인정하시는데 사탄은 욥을 송사합니다. 사탄은 지금도 신실하게 하나님을 섬기며 온전하고 정직한 삶을 사는 그리스도인들을 비판하고 비난하며 더러운 옷을 입히려고 합니다.

④ **거짓말하는 자**(Liar), **살인자**(Murderer) (요 8:44)

마귀는 거짓말하는 자입니다. 처음부터 하와를 속여 하나님이 금하신 열매를 먹는 죄를 범하게 하여 인류를 죄의 종이 되게 한 자입니다. 지금도 여전히 거짓으로 사람을 미혹하여 하나님에게 불순종하게 하고, 사람의 마음에 미움을 심어 살인하는 죄를 반복하게 합니다.

⑤ **시험하는 자**(Tempter) (마 4:1-11)

예수님의 40일 금식 후, 마귀는 시험하는 자로 나타나 예수를 시험합니다. 인간이 가장 넘어지기 쉬운 떡의 문제로 시험을 시작하여, 성전 꼭대기에서 뛰어내리라고 하고, 높은 산으로 데리고 가 천하의 영광을 줄 것이라고 시험합니다. 인간의 역사는 계속적이고 반복적으로 이 세 가지 시험, 돈과 명예와 쾌락의 덫에 걸려 실패하는 모습입니다.

⑥ **미혹하는 자**(Deceiver) (고후 11:2-3; 마 24:4-5)

마귀는 미혹의 영으로 사람의 마음을 미혹하여 진리에서 벗어나게 합니다. 세상에는 거짓된 가르침이 넘치고 표적이나 이적 등으로 사람을 속이는 일이 많습니다. 거짓 선지자, 거짓 교사, 적그리스도의 존재를 인식하고 경계해야만 합니다.

⑦ **불량자, 비류, 사악한 자, 잡류**(Belial) (고후 6:14-16; 삼상 2:12)

사탄은 벨리알(Belial)이라는 이름을 갖고 있는데 불량자, 비류, 사악자, 잡류라는 뜻을 갖고 있습니다. 사도 바울은 "그리스도와 벨리알이 어찌 조화되며 믿는 자와 믿지 않는 자가 어찌 상관하겠는가"라고 말합니다. 사무엘상에서는 엘리 제사장의 불량한 아들들을 벨리알의 아들(Sons of Belial)이라고 하였습니다. 사탄은 청년들을 미혹하여 세상의 향락에 빠져 술과 마약에 취하고 방탕한 불량자, 비류와 사악한 잡류로 전락시켜 사탄의 아들을 만들어 버리는 것입니다.

마귀는 인간의 육체의 속성을 덫으로 삼아 인간을 종으로 부립니다. 사도 바울은 "육체의 일은 분명하니 곧 음행과 더러운 것과 호색과 우상 숭배와 주술과 원수 맺는 것과 분쟁과 시기와 분냄과 당 짓는 것과 분열함과 이단과 투기와 술 취함과 방탕함과 또 그와 같은 것들이라"(갈 5:19-21)라고 하였습니다.

인간은 연약한 육체의 한계로 마귀가 놓은 죄의 덫에서 스스로 벗어나기가 어렵습니다. 그래서 우리를 구원하기 위하여 예수가 세상에 오신 것입니다.

"죄를 짓는 자는 마귀에게 속하나니 마귀는 처음부터 범죄함이라 하나님의 아들이 나타나신 것은 마귀의 일을 멸하려 하심이라 하나님께로부터 난 자마다 죄를 짓지 아니하나니 이는 하나님의 씨가 그의 속에 거함이요 그도 범죄하지 못하는 것은 하나님께로부터 났음이라"(요일 3:8-9).

마귀의 종노릇하는 자리에서 사람을 구하기 위하여 하나님의 아들이 십자가에서 피를 흘리셨습니다. "이것은 죄 사함을 얻게 하려고 많은 사람을 위하여 흘리는 바 나의 피 곧 언약의 피니라"(마 26:28) 하셨습니다.

사도 바울은 "우리는 그리스도 안에서 그의 은혜의 풍성함을 따라 그의 피로 말미암아 속량 곧 죄 사함을 받았느니라"(엡 1:7)라고 고백하였습니다.

예수 그리스도 안에 마귀의 올무를 벗어나는 방법이 있습니다. 사도 바울은 "그런즉 누구든지 그리스도 안에 있으면 새로운 피조물이라 이전 것은 지나갔으니 보라 새것이 되었도다"(고후 5:17)라고 선언하였습니다.

변화의 시작은 회개입니다. 죄를 깨닫고, 고백하고, 죄인으로 살았던 과거를 완전히 청산하는 것입니다.

"우리가 알거니와 우리의 옛 사람이 예수와 함께 십자가에 못 박힌 것은 죄의 몸이 죽어 다시는 우리가 죄에게 종노릇하지 아니하려 함이니 이는 죽은 자가 죄에서 벗어나 의롭다 하심을 얻었음이라"(롬 6:6-7).

3) 죄의 습관 버리기

이스라엘 백성들은 애굽에서 하나님이 행하신 놀라운 일들을 경험하였습니다. 홍해가 갈라지고, 마라의 쓴 물이 단물로 변화되며, 반석에서 물이 솟고, 날마다 하늘에서 내리는 만나를 먹을 수 있었습니다. 그럼에도 그들의 의식과 삶 속에 깊이 배어 있는 노예의 근성과 습관을 버리지 못했습니다.

사람은 하나님을 알지 못해 육체의 소욕을 따라 마음대로 살던 시절에 몸에 배어 반복되는 습관을 갖게 됩니다. 예수의 보혈로 죄를 용서받았지만 죄의 습관이 반복되는 것을 경험하며 영적으로 고통스러워하게 되는 것입니다. 그래서 사도 바울은 의에게 종이 되라고 당부하고 있습니다.

"너희 육신이 연약하므로 내가 사람의 예대로 말하노니 전에 너희가 너희 지체를 부정과 불법에 내주어 불법에 이른 것같이 이제는 너희 지체를 의에게 종으로 내주어 거룩함에 이르라 너희가 죄의 종이 되었을 때에는 의에 대하여 자유로웠느니라 너희가 그때에 무슨 열매를 얻었느냐 이제는 너희가 그 일을 부끄러워하나니 이는 그 마지막이 사망임이라 그러나 이제는 너희가 죄로부터 해방되고 하나님께 종이 되어 거룩함에 이르는 열매를 맺었으니 그 마지막은 영생이라 죄의 삯은 사망이요 하나님의 은사는 그리스도 예수 우리 주 안에 있는 영생이니라"(롬 6:19-23).

습관은 어떤 행동을 일상적으로 반복하는 행위입니다. 후천적으로 형성된 행동 양식이며, 반복 수행을 통해 고정화되어 신체적 행동뿐 아니라 정신적, 심리적으로도 나타납니다. 죄에 종노릇하며 살던 시절에 우리 몸에 밴 습관은 쉽게 청산되지 않고 반복됩니다.

"개가 그 토한 것을 도로 먹는 것같이 미련한 자는 그 미련한 것을 거듭 행하느니라"(잠 26:11)라는 말씀과 같이 그것이 더러운 것을 알면서도 반복합니다.

예수 그리스도의 피로 죄 사함을 받은 사람은 다시 죄로 돌이키지 않도록 죄의 습관을 완전히 버려야 합니다. 이것이 진정한 회개입니다. 사람의 신체 부위를 도려내는 할례와 같이 우리의 삶 속에서 죄의 습관을 완전히 도려내야 합니다. 지난날의 수치를 굴려버리는 것이 길갈입니다. 죄의 습관을 떼어 굴려 버리기 위한 다섯 가지 과제를 기억하면 도움이 될 것입니다.

(1) 성령의 도우심을 입어야 합니다.

성령께서 죄의 유혹을 이기고 거룩하게 사는 힘을 주십니다. 사도 바울은 "너희는 성령을 따라 행하라 그리하면 육체의 욕심을 이루지 아니하리라"(갈 5:16)라고 권면하고 있습니다.

성령께 삶을 맡길 때 성령의 열매로 사는 육체가 마귀의 덫이 되지 않을 것입니다.

(2) 말씀으로 무장해야 합니다.

예수님께서는 40일 동안 금식하시고 마귀의 시험을 받으셨습니다. 예수님은 마귀의 모든 시험을 말씀으로 단번에 물리치셨습니다. 말씀을 공부하고 묵상하는 가운데 말씀에 위배되는 일은 단호하게 거절하고 차단할 수 있어야 합니다.

사도 바울은 마귀를 대적하기 위해 "성령의 검 곧 하나님의 말씀을 가지라"(엡 6:17)라고 하였습니다. 시편 기자는 "내가 주께 범죄하지 아니하려 하여 주의 말씀을 내 마음에 두었나이다"(시 119:11)라고 고백합니다.

(3) 기도를 쉬지 않아야 합니다.

겟세마네에서 졸고 있는 제자들에게 "시험에 들지 않게 깨어 기도하라 마음에는 원이로되 육신이 약하도다"(마 26:41)라고 하신 예수님은 "시몬아, 시몬아, 보라 사탄이 너희를 밀 까부르듯 하려고 요구하였으나 그러나 내가 너를 위하여 네 믿음이 떨어지지 않기를 기도하였노니 너는 돌이킨 후에 네 형제를 굳게 하라"(눅 22:31-32)라고 하셨습니다.

죄의 습관으로 다시 죄를 범하지 않도록 깨어 기도해야 합니다.

(4) 죄의 기회를 차단해야 합니다.

예수님은 죄의 습관을 반복하지 않기 위해 죄의 기회를 완전히 차단하라고 말씀하십니다.

> "만일 네 오른눈이 너로 실족하게 하거든 빼어 내버리라 네 백체 중 하나가 없어지고 온몸이 지옥에 던져지지 않는 것이 유익하며 또한 만일 네 오른손이 너로 실족하게 하거든 찍어 내버리라 네 백체 중 하나가 없어지고 온몸이 지옥에 던져지지 않는 것이 유익하니라"(마 5:29-30).

죄의 종으로 살며 출입하던 장소와 만나던 사람들, 다시 접하면 죄를 지을 수밖에 없는 모든 상황들을 차단해야 합니다.

(5) 거룩한 공동체 속에서 함께 살아야 합니다.

신앙 공동체 안에서 교제와 격려를 통해 성숙하고 죄와 싸우는 힘을 얻습니다. 개인이 홀로 싸울 때보다 훨씬 강력한 방어가 됩니다.

> "두 사람이 함께 누우면 따뜻하거니와 한 사람이면 어찌 따뜻하랴 한 사람이면 패하겠거니와 두 사람이면 맞설 수 있나니 세 겹 줄은 쉽게 끊어지지 아니하느니라"(전 4:11-12).

하나님의 거룩한 공동체 안에서 서로를 위하여 격려하며 기도할 때 더 큰 힘을 얻습니다.

이스라엘 백성들은 요단강을 마른 땅으로 건너 길갈에 열두 개 돌을 쌓고(수 4:19-20) 하나님이 그들과 함께하심을 기억하였습니다. 광야에서 이동하며 행하지 못했던 할례를 행하고 그곳의 지명을 '길갈'이라고 하였습니다. '애굽의 수치를 너희에게서 떠나가게 하였다'는 뜻입니다. 애굽의 수치스러운 역사를 완전히 청산한 것입니다.

이스라엘은 길갈에 사령부를 두고 하나님이 약속하신 가나안 땅을 정복하였습니다. 사사 시대에도 길갈은 이스라엘을 다스리는 장소였고, 나라에 어려움이 있을 때에 백성들은 길갈에 올라가 나라를 새롭게 하는 장소가 되었습니다(삼상 11:14-15).

우리의 삶에도 길갈이 있어야 하겠습니다. 과거의 수치를 완전히 떼어 굴려버리기로 결단한 오늘이 여러분의 길갈이 되기를 바랍니다.

2.

변화되자!(마음, 눈, 귀)

"모세가 온 이스라엘을 소집하고 그들에게 이르되 여호와께서 애굽 땅에서 너희의 목전에 바로와 그의 모든 신하와 그의 온 땅에 행하신 모든 일을 너희가 보았나니 곧 그 큰 시험과 이적과 큰 기사를 네 눈으로 보았느니라 그러나 깨닫는 마음과 보는 눈과 듣는 귀는 오늘까지 여호와께서 너희에게 주지 아니하셨느니라"(신명기 29:2-4)

모세는 이스라엘 백성들을 소집하고 그들에게 말합니다. 이스라엘 백성이 애굽 땅에서 하나님이 행하신 큰 시험과 이적과 큰 기사를 눈으로 보고도 하나님을 알지 못했던 이유는 깨닫는 마음과 보는 눈과 듣는 귀가 없었기 때문이라는 것입니다.

이스라엘 백성과 같이 실패하지 않기 위하여 우리는 '마음', '눈', '귀'의 변화에 대하여 생각해 보겠습니다.

1) 마음

'마음'은 단순한 감정의 자리가 아니라 인간 존재의 중심, 즉 생각하고, 느끼고, 의지하며, 결단하는 기능이 통합된 자리입니다. 성경은 마음을 다양한 기능을 가진 존재로 설명합니다.

(1) 마음은 지적인 기능을 갖고 깨닫고 생각하게 합니다.

모세는 이스라엘 백성들에게 "오늘 내가 네게 명하는 이 말씀을 너는 마음에 새기라"(신 6:6)라고 하였습니다.

잠언에서는 "대저 그 마음의 생각이 어떠하면 그 위인도 그러한즉"(잠 23:7)이라고 하여 마음에 생각의 기능을 있음을 알려줍니다.

마음은 하나님의 말씀을 기억하고 묵상하며 깨달을 수 있는 장소입니다. 마음이 변화되어 하나님 중심으로 생각의 전환이 일어나야 합니다. 그래야 우리의 생각의 중심, 삶의 중심이 그리스도 중심으로 변화되는 것입니다.

(2) 마음은 '기쁨', '분노', '슬픔', '즐거움' 등의 감정의 자리입니다.

예수님은 "너희는 마음에 근심하지 말라 하나님을 믿으니 또 나를 믿으라"(요 14:1)라는 말씀으로 마음에 감정의 기능이 있음을 말씀해 줍니다.

잠언 기자는 "마음의 즐거움은 얼굴을 빛나게 하여도 마음의 근심은 심령을 상하게 하느니라"(잠 15:13)라고 하였습니다.

감정은 마음에서 비롯되며, 마음이 변화되면 세상의 어떤 상황에서도 좋은 감정으로 자신을 다스릴 수 있습니다. 근심하지 말라고 하셨음에도 늘 불안과 염려에 싸여 있다면 마음이 변화되지 못한 증거, 아직도 하나님을 알지 못하는 증거입니다.

(3) 마음은 의지와 결단의 기능을 갖고 있습니다.

여호수아는 이스라엘 백성을 향하여 "오직 나와 내 집은 여호와를 섬기겠노라"(수 24:15)라고 하여 결단의 모습을 보여주었습니다. 다니엘은 "뜻을 정하여 왕의 음식과 그가 마시는 포도주로 자기를 더럽히지 아니하리라"(단 1:8)라고 결단하였습니다. 마음은 결단하고 선택하는 자리입니다. 믿음의 결정도 마음에서 나옵니다.

(4) 마음은 하나님을 믿고 신뢰하며 교제하는 영적 통로입니다.

사도 바울은 "사람이 마음으로 믿어 의에 이르고 입으로 시인하여 구원에 이르느니라"(롬 10:10)라고 하였고, 에스겔 선지자는 "또 새 영을 너희 속에 두고 새 마음을 너희에게 주되"(겔 36:26)라고 하였습니다.

하나님이 원하시는 마음은 하나님을 경외하고 사모하는 마음, 하나님의 뜻을 분별하여 순종하는 마음입니다. 사람의 의지, 생각, 태도, 욕망 등이 하나님 중심으로 변화되는 것을 말합니다.

⟨변화된 마음에 열매를 맺어야 합니다⟩

"못된 열매 맺는 좋은 나무가 없고 또 좋은 열매 맺는 못된 나무가 없느니라 나무는 각각 그 열매로 아나니 가시나무에서 무화과를, 또는 찔레에서 포도를 따지 못하느니라 선한 사람은 마음에 쌓은 선에서 선을 내고 악한 자는 그 쌓은 악에서 악을 내나니 이는 마음에 가득한 것을 입으로 말함이니라"(눅 6:43-45).

(1) 성령의 열매

마귀에게 종노릇하던 육체는 "곧 음행과 더러운 것과 호색과 우상 숭배와 주술과 원수 맺는 것과 분쟁과 시기와 분냄과 당 짓는 것과 분열함과 이단과 투기와 술 취함과 방탕함과 또 그와 같은 것들"(갈 5:19-21)의 죄로 살아왔습니다.

그러나 성령으로 변화된 마음은 "사랑과 희락과 화평과 오래 참음과 자비와 양선과 충성과 온유와 절제"(갈 5:22-23)라는 성령의 열매를 맺습니다.

(2) 입술의 열매

예수님은 "독사의 자식들아 너희는 악하니 어떻게 선한 말을 할 수 있느냐 이는 마음에 가득한 것을 입으로 말함이라"(마 12:34)라고 하시며 "선한 사람은 마음에 쌓은 선에서 선을 내고"(눅 6:45)라고 하셨습니다.

입술의 열매는 하나님을 찬양하고 증거하는 말입니다. 히브리서를 보면 "우리는 예수로 말미암아 항상 찬송의 제사를 하나님께 드리자 이는 그 이름을 증언하는 입술의 열매니라"(히 13:15)라고 하였습니다.

칭찬, 격려, 감사, 진실한 고백은 사람을 세우고 하나님의 뜻을 이루게 합니다. 입술로 드리는 찬양과 기도는 하나님께 향기로운 제사가 됩니다. 입술을 통해 복음을 전하는 것은 생명의 열매를 맺는 일입니다. 말은 씨앗과 같아 결국 열매를 맺기에, 신중하고 성숙한 언어 사용이 요구됩니다.

(3) 태도의 열매

미국의 유명한 동기부여 연설가이자 작가이며 사업가인 지그 지글러(Zig Ziglar)는 "Your attitude, not your aptitude, will determine your altitude"라는 명언을 남겼습니다. "당신의 지위나 위치를 결정하는 것은 당신의 능력이나 재능이 아니라 당신의 태도다"라는 말입니다.

   사람의 태도의 중요성을 강조하는 것입니다. 마음이 변화된 사람은 태도가 변해야 합니다. 태도는 그 사람의 행불행을 좌우하는 요소입니다. 마음이 변화된 사람들은 좋은 태도를 가짐으로 사회에서 존경받는 사람의 자리에 오르게 됩니다.

(4) 행동의 열매

   사도 바울은 에베소교회에 보내는 서신에서 "도둑질하는 자는 다시 도둑질하지 말고 돌이켜 가난한 자에게 구제할 수 있도록 자기 손으로 수고하여 선한 일을 하라"(엡 4:28)라고 하였습니다. 도둑질하던 사람이 변화되어 가난한 자들을 돕는 행동하는 사람으로 변화되는 것입니다.

   야고보 사도는 "행함이 없는 믿음은 그 자체가 죽은 것이라"(약 2:17)라고 하였고, 예수님은 "너희 빛이 사람 앞에 비치게 하여 그들로 너희 착한 행실을 보고 하늘에 계신 너희 아버지께 영광을 돌리게 하라"(마 5:16)라고 하셨습니다.

   진정으로 회개하고 마음이 변화된 신앙인의 삶은 선한 행실을 통해 하나님께 영광을 돌리며, 그의 믿음이 삶 속에서 드러나야 합니다.

2) 눈

신명기에서 모세는, 이스라엘 백성이 변화에 실패한 이유가 '보는 눈'을 갖지 못했기 때문이라고 말합니다.

예수님은 "눈은 몸의 등불이니 그러므로 네 눈이 성하면 온몸이 밝을 것이요 눈이 나쁘면 온몸이 어두울 것이니 그러므로 네게 있는 빛이 어두우면 그 어둠이 얼마나 더하겠느냐"(마 6:22-23)라고 하셨습니다.

눈은 단순한 육체적 기능을 넘어서 영적 분별력과 삶의 방향을 제시하는 중요한 도구입니다. 그리스도인들은 육신의 눈과 영의 눈을 갖고 있음을 알고 있습니다.

인간의 눈은 외부의 빛과 이미지를 받아들이고 뇌로 전달하여 사물을 인식하게 합니다. 전체 감각 정보의 80%가 시각을 통해 뇌에 전달된다고 합니다. 인간은 시각을 통해 위험을 인식하고 반응할 수 있어 생존에 중요한 역할을 합니다. 인간의 일상 생활에 눈은 핵심적인 도구입니다.

눈은 기쁨, 슬픔, 분노 등의 감정을 전달하는 비언어적 소통 수단이 되기도 합니다. 눈은 마음의 창이라고도 하는데 인간의 내면의 모습과도 밀접하게 관계되어 있음을 말합니다.

지도자들이 가져야 할 '보는 눈'에 대하여 생각해 보겠습니다.

(1) 사람의 내면을 보는 눈

인간은 눈으로 보이는 사물을 판단하기 때문에 사람과의 관계에서도 자연스럽게 보이는 외모로 상대를 판단하게 됩니다.

그러나 하나님은 "사람을 외모로 보지 말라"라고 하십니다(신 10:17, 16:19). 하나님 스스로 모든 사람을 창조하신 분이기 때문에 사람을 외모로 판단하지 않으십니다(욥 34:19).

그러므로 우리는 하나님이 지으신 사람 하나하나를 외모로 판단하지 않고, 사람의 내면의 모습을 보는 눈을 가져야 합니다. 사람의 내면의 아름다움과 추함을 구별하여 보는 눈이 귀한 눈입니다.

> "예수께서 헌금함을 대하여 앉으사 무리가 어떻게 헌금함에 돈 넣는가를 보실새 여러 부자는 많이 넣는데 한 가난한 과부는 와서 두 렙돈 곧 한 고드란트를 넣는지라 예수께서 제자들을 불러다가 이르시되 내가 진실로 너희에게 이르노니 이 가난한 과부는 헌금함에 넣는 모든 사람보다 많이 넣었도다 그들은 다 그 풍족한 중에서 넣었거니와 이 과부는 그 가난한 중에서 자기의 모든 소유 곧 생활비 전부를 넣었느니라 하시니라"(막 12:41-44).

예수님의 눈은 과부가 최선을 다하여 정성스럽게 드리는 그 마음의 아름다움을 보신 것입니다.

(2) 이웃의 필요를 보는 눈

세상에 소외되고 연약한 사람들, 병들고 가난한 사람들을 보는 눈이 있어야 합니다.

요한이 감옥에서 예수에게 제자들을 보냈을 때 예수님은 그 제자들에게 "맹인이 보며 못 걷는 사람이 걸으며 나병환자가 깨끗함을 받으며 못 듣는 자가 들으며 죽은 자가 살아나며 가난한 자에게 복음이 전파된다 하라"(마 11:5) 하셨습니다. 예수님의 시선은 언제나 가난하고 병든 사람, 과부와 고아와 나그네들을 바라보셨습니다.

베드로와 요한 사도는 성령의 역사로 수천 명이 모이는 교회의 사도가 되었습니다. 수많은 군중이 언제나 그들을 따라다녔습니다. 그런 분주한 사역 가운데 예루살렘 성전으로 올라가던 길에 앉은뱅이 한 사람이 구걸하는 모습을 보았습니다. 그들은 바쁜 걸음으로 그를 지나쳐 갈 수 있었지만 베드로는 그를 주목하여 보았습니다.

구걸하는 사람은 베드로와 요한에게 동전 몇 개의 동냥을 기대했지만 베드로는 그 앉은뱅이에게 가장 필요한 것이 무엇인지 보는 눈을 갖고 있었습니다. 그것은 그가 일어나 걷는 것이었습니다.

베드로는 "은과 금은 내게 없거니와 내게 있는 이것을 네게 주노니 나사렛 예수 그리스도의 이름으로 일어나 걸으라"라고 선언합니다(행 3:1-6).

가난하고 소외된 병든 이웃에게 무엇이 필요한지를 보는 눈을 가져야 하겠습니다.

(3) 가치를 아는 눈

사람의 눈이 인간을 타락의 길로 인도합니다. 사탄은 돈과 명예와 세상의 쾌락으로 사람을 시험합니다. 이런 세상적인 것들을 추구하는 눈이 변하지 않으면 사탄의 시험에 빠지게 되는 것입니다.

요한 사도는 "이 세상이나 세상에 있는 것들을 사랑하지 말라 누구든지 세상을 사랑하면 아버지의 사랑이 그 안에 있지 아니하니 이는 세상에 있는 모든 것이 육신의 정욕과 안목의 정욕과 이생의 자랑이니 다 아버지께로부터 온 것이 아니요 세상으로부터 온 것이라"(요일 2:15-16)라고 하였습니다. 맘몬 우상 숭배, 자기 자랑(명예욕), 쾌락(퇴폐문화)을 조심하라는 것입니다. 눈으로 보는 것들입니다.

롯이 아브라함과 분가할 때 소알과 고모라 지역에 물이 넉넉하여 마치 애굽과 같은 것을 보고 그곳을 택했습니다(창 13:10). 그러나 눈으로 보기에 아름다운 성, 소돔과 고모라는 죄악으로 멸망하고 롯은 아내를 잃었고, 두 딸에게서 모압과 암몬이라는 아들을 낳아 이스라엘의 적이 되게 하였습니다(창 19:37-38).

다윗은 "나는 비천한 것을 내 눈 앞에 두지 아니할 것"(시 101:3)이라고 말하였습니다.

히브리서를 보면 모세에 대하여 "그리스도를 위하여 받는 수모를 애굽의 모든 보화보다 더 큰 재물로 여겼으니 이는 상 주심을 바라봄이라"(히 11:26)라고 하였습니다.

사도 바울은 "그러나 무엇이든지 내게 유익하던 것을 내가 그리스도를 위하여 다 해로 여길 뿐더러 또한 모든 것을 해로 여김은 내 주 그리스도 예수를 아는 지식이 가장 고상하기 때문이라 내가 그를 위하여 모든 것을 잃어버리고 배설물로 여김은 그리스도를 얻고 그 안에서 발견되려 함이니"(빌 3:7-9)라고 하였습니다.

가장 소중한 것이 무엇인지를 분간하는 눈을 가져야 합니다.

(4) 하나님의 역사를 보는 눈

모세는 "여호와께서 애굽 땅에서 너희의 목전에 바로와 그의 모든 신하와 그의 온 땅에 행하신 모든 일을 너희가 보았나니 곧 그 큰 시험과 이적과 큰 기사를 네 눈으로 보았느니라"(신 29:2-3)라고 하였습니다. 그러나 이스라엘 백성들은 '보는 눈'이 없어서 그것을 하나님의 역사로 인식하지 못하고 하나님을 믿고 따르지 않았습니다.

세상에 일어나는 모든 일에는 하나님의 섭리와 역사하심이 간섭하고 있습니다. 예수님께서는 "내 아버지께서 이제까지 일하시니 나도 일한다"(요 5:17)라고 하셨습니다. 오늘도 우리의 삶 속에서 역사하시는 하나님을 발견하는 눈이 있어야 합니다.

하나님의 일을 감당하는 사명자들은 더 밝은 눈을 가져야 합니다. 이스라엘 백성과 같이 하나님의 놀라운 역사를 보고도 그것이 하나님의 일하심인 것을 알지 못하면 하나님께 영광을 돌릴 수 없습니다. 하나님의 역사하심을 보고 인정하는 것이 하나님께 영광을 돌리는 일입니다.

"이는 물이 바다를 덮음같이 여호와의 영광을 인정하는 것이 세상에 가득함이니라"(합 2:14).

(5) 영의 눈

육신의 눈은 현실, 즉 보이는 세계만을 의지합니다. 하나님을 믿지 않는 사람은 육신의 눈으로만 세상을 바라보며 육신의 눈에 보이는 문제에 집중하게 됩니다. 그러나 더욱 중요한 영의 세계가 존재합니다.

엘리사 선지자 시절에 일어난 일입니다.
아람 왕이 이스라엘을 공격하는데 번번이 작전비밀이 누설되어 실패하였습니다. 엘리사 선지자가 아람의 공격을 미리 알고 이스라엘 왕에게 아람의 작전을 알려주었기 때문입니다. 아람 왕은 엘리사를 먼저 체포하기 위하여 군사를 도단으로 보내 성읍을 포위하였습니다.
엘리사 선지자의 사환이 아침에 아람의 군사와 말과 병거가 성읍을 에워싼 모습을 보고 혼비백산하여 엘리사에게 알립니다. 엘리사는 하나님의 군사, 불말과 불병거가 산에 가득한 모습을 보고 청년을 안심시키며 청년의 눈을 열어 줄 것을 기도합니다. 영의 눈이 열리자 청년은 불말과 불병거가 산에 가득한 영의 세계를 볼 수 있었습니다(왕하 6:8-17).

영의 눈이 열려야 진리를 깨닫고 하나님의 뜻을 분별하며 하나님의 시각으로 세상을 바라볼 수 있습니다. 세상은 눈에 보이는 것만 중요하게 여기지만, 믿음은 보지 못하는 것들의 증거입니다. 마음의 눈, 영의 눈이 열려야 하나님의 계획과 소망을 알 수 있습니다.

3) 귀

인간의 귀는 외이(outer ear), 중이(middle ear), 내이(inner ear)로 구성되어 있습니다. 외이는 소리를 모아 중이인 고막으로 전달합니다. 중이에 있는 고막을 진동시켜 내이에서 청각을 담당하는 달팽이관에서 소리 진동을 전기 신호로 변환하여 청신경을 통해 뇌로 전달합니다. 특히, 내이에는 반고리관이 있어 몸의 위치와 움직임을 감지해 균형을 유지해 줍니다.

인간의 관계는 소통으로부터 시작되는데, 듣는 귀는 소통의 기본 수단입니다. 소통이란 생각, 감정, 정보 등을 서로 주고받으며 이해하고 공감하는 과정을 말합니다.

소통을 잘하기 위해서는 경청, 즉 진심으로 듣는 자세를 훈련해야 합니다. 가족간의 사랑과 신뢰를 쌓는 기초가 되며, 사회조직에서는 협력과 갈등을 해결하는 열쇠가 됩니다.

지도자에게 있어서 소통은 리더의 목표를 공유하고 비전을 전달하는 수단이 됩니다. 신앙 공동체에서는 진실한 교제와 하나됨의 수단이 될 것입니다.

야고보 사도는 "내 사랑하는 형제들아 너희가 알지니 사람마다 듣기는 속히 하고 말하기는 더디 하며 성내기도 더디 하라"(약 1:19)라고 하였습니다. 성급하게 말하거나 감정을 드러내기 전에 상대방의 말을 잘 듣는 귀를 가져야 합니다.

듣는다는 것은 단순히 소리를 인식하는 것을 넘어 상대방의 말을 '듣고' 그 말의 의미를 '이해'하고 '생각'하고 '결정'하여 '반응'하는 것입니다.

인간관계가 깨어지는 원인 중 하나가 소통의 부재라고 합니다. 상대방의 말을 경청하지 못하고 건성으로 듣거나 자기가 듣고 싶은 대로 듣고 판단하는 경우가 많습니다. 그러면 소통을 완전히 막아버리는 결과를 낳게 됩니다.

성급하게 화를 내거나 말을 많이 하지 않고 상대의 말을 귀 기울여 듣고 공감하고 반응하는 습관을 가져야 합니다.

인간관계에서도 소통이 중요하다면, 영적인 존재인 인간과 하나님의 관계에서의 소통은 또 얼마나 중요하겠습니까? 하나님과의 소통을 위해서는 영의 귀가 열려야 합니다.

예수님은 "귀 있는 자는 들을지어다"(마 11:15)라고 자주 말씀하셨는데, 이는 모든 사람이 영적인 소리를 듣는 것은 아니며, 영의 귀가 열린 사람만이 하나님의 뜻을 올바로 분별할 수 있음을 강조한 것입니다.

영의 귀가 닫혀 있으면 하나님의 말씀을 들어도 깨닫지 못하고, 영적인 진리를 받아들이지 못하는 상태가 됩니다. 이는 심령이 굳어 있거나 세상적인 것에만 관심이 있을 때 나타나는 현상입니다

영의 귀는 하나님 말씀의 통로가 됩니다.

"그러므로 믿음은 들음에서 나며 들음은 그리스도의 말씀으로 말미암았느니라"(롬 10:17)라고 하였습니다. 말씀을 즐겨 읽고 묵상할 때 말씀 속에서 우리의 귀를 열고 말씀해 주십니다.

사도 바울은 "모든 성경은 하나님의 감동으로 된 것으로 교훈과 책망과 바르게 함과 의로 교육하기에 유익하니 이는 하나님의 사람으로 온전하게 하며 모든 선한 일을 행할 능력을 갖추게 하려 함이라"(딤후 3:16-17)라고 교훈하였습니다.

영의 귀가 열려야 순종의 삶이 시작됩니다.

하나님은 "이스라엘아 들으라" 하시고 "너는 마음을 다하고 뜻을 다하고 힘을 다하여 네 하나님 여호와를 사랑하라"라는 큰 계명을 주십니다(신 6:4-5). 영의 귀가 있어 하나님의 명령을 들음으로 순종의 길이 열리는 것입니다. 영의 귀가 닫히면 하나님의 경고나 진리를 무시하는 상태에 버려집니다.

"내가 누구에게 말하며 누구에게 경책하여 듣게 할꼬 보라 그 귀가 할례를 받지 못하였으므로 듣지 못하는도다 보라 여호와의 말씀을 그들이 자신들에게 욕으로 여기고 이를 즐겨 하지 아니하니"(렘 6:10)라고 탄식하십니다.

기도를 통해 영의 귀가 열리고 하나님의 음성을 들을 수 있습니다. 기도의 시간은 하나님께 요청하는 말만 하고 그치는 것이 아니라 묵상의 시간을 통해 하나님의 음성을 듣는 훈련을 해야 합니다. 성경의 많은 인물들이 기도하며 하나님의 음성을 듣고 위대한 사명을 감당한 것을 볼 수 있습니다.

하나님께서 사람을 창조하시면서 귀 속에 아주 특별한 기능을 추가해 두셨습니다.

사람의 평형을 유지하는 반고리관과 전정낭을 두어 머리의 회전을 감지하고, 중력과 직선 가속도를 감지하며 평형을 유지하도록 합니다.

이석증(BPPV)이라는 심각한 병이 있습니다. 귀 안쪽에 있는 이석(otolith)이 제자리를 벗어나 반고리관 안으로 들어가면서 발생하는 어지럼증으로, 사람이 균형을 잃고 일어서 걸을 수 없게 되는 병입니다.

사람의 귀에 균형 감각이 있다는 점이 흥미롭습니다. 자기 중심적이거나 일방적인 말을 듣고 상황을 판단하는 것이 아니라 상대방의 입장, 여러 구성원들의 말을 잘 들어야 균형 있는 상황판단이 가능한 것입니다. 사람의 말뿐 아니라 하나님의 음성을 잘 듣는 귀를 가져야 균형감 있는 건강한 그리스도인의 생활을 할 수 있습니다.

하나님은 변화를 요구하십니다. 마음과 눈과 귀가 변화되는 것이 진정한 변화입니다. 하루아침에 일어날 수 있는 일은 아닙니다. 그러나 일상의 삶에서 늘 변화를 추구할 때 하나님께서 기뻐하시는 사람으로 변화될 것입니다.

3.
내 안에 있는 큰 용사를 찾아라!

"여호와의 사자가 아비에셀 사람 요아스에게 속한 오브라에 이르러 상수리나무 아래에 앉으니라 마침 요아스의 아들 기드온이 미디안 사람에게 알리지 아니하려 하여 밀을 포도주 틀에서 타작하더니 여호와의 사자가 기드온에게 나타나 이르되 큰 용사여 여호와께서 너와 함께 계시도다 하매 기드온이 그에게 대답하되 오 나의 주여 여호와께서 우리와 함께 계시면 어찌하여 이 모든 일이 우리에게 일어났나이까 또 우리 조상들이 일찍이 우리에게 이르기를 여호와께서 우리를 애굽에서 올라오게 하신 것이 아니냐 한 그 모든 이적이 어디 있나이까 이제 여호와께서 우리를 버리사 미디안의 손에 우리를 넘겨주셨나이다 하니 여호와께서 그를 향하여 이르시되 너는 가서 이 너의 힘으로 이스라엘을 미디안의 손에서 구원하라 내가 너를 보낸 것이 아니냐 하시니라 그러나 기드온이 그에게 대답하되 오 주여 내가 무엇으로 이스라엘을 구원하리이까 보소서 나의 집은 므낫세 중에 극히 약하고 나는 내 아버지 집에서 가장 작은 자니이다 하니 여호와께서 그에게 이르시되 내가 반드시 너와

함께하리니 네가 미디안 사람 치기를 한 사람을 치듯 하리라 하시니라"(사사기 6:11-16)

여호수아의 리더십 아래 요단강을 건너 가나안 땅을 점령한 이스라엘 백성들이 "여호수아가 사는 날 동안과 여호수아 뒤에 생존한 장로들 곧 여호와께서 이스라엘을 위하여 행하신 모든 큰 일을 본 자들이 사는 날 동안"에는 여호와를 섬겼습니다(삿 2:7).

여호수아 시대의 사람들이 모두 세상을 떠나자 다음 세대들이 여호와를 알지 못하여 바알과 아세라를 섬기기 시작합니다.

하나님은 그들을 돌이키기 위해 외부의 적들로부터 공격을 받고 고통을 당하게 하셨습니다. 그리고 백성들이 고통하며 여호와께 부르짖을 때 사사를 보내 이스라엘을 구원해 주십니다. 가나안 땅을 정복한 후 이스라엘 왕정이 수립될 때까지 사사들이 군사적, 정치적, 사회적, 영적 지도자로 활동하였습니다.

기드온은 이스라엘의 다섯 번째 사사로, 기원전 12세기 중반 미디안 족속에게 억압받던 시절에 하나님이 세우신 사사였습니다. 사사 기드온은 하나님의 부르심을 받고 일어나 3백 명의 군사로 미디안 연합군을 물리치고, 40년간 이스라엘에 평화를 가져다준 위대한 사사였습니다.

본문은 기드온이 미디안의 압제 속에서 숨어 지내다가 하나님의 사자를 만나 사사로 부름 받는 장면을 이야기하고 있습니다.

그는 미디안 사람들의 눈을 피해 포도주 틀에서 밀을 타작하고 있었습니다. 그런 그에게 하나님의 사자가 나타나 미디안으로부터 이스라엘을 구원할 사사로 세웠습니다.

하나님은 하나님의 뜻을 이 땅에 이루기 위해 사람을 부르십니다. 성경의 모든 위인들이 하나님의 부르심을 받은 사람들이었습니다.

1) 부르심과 자기 발견

사도 바울은 "형제들아 너희를 부르심을 보라 육체를 따라 지혜로운 자가 많지 아니하며 능한 자가 많지 아니하며 문벌 좋은 자가 많지 아니하도다 그러나 하나님께서 세상의 미련한 것들을 택하사 지혜 있는 자들을 부끄럽게 하려 하시고 세상의 약한 것들을 택하사 강한 것들을 부끄럽게 하려 하시며 하나님께서 세상의 천한 것들과 멸시받는 것들과 없는 것들을 택하사 있는 것들을 폐하려 하시나니 이는 아무 육체도 하나님 앞에서 자랑하지 못하게 하려 하심이라"(고전 1:26-29)라고 하였습니다.

하나님은 연약한 사람을 불러 위대한 일을 감당하게 하십니다.

능력 있는 사람은 큰 일을 이룬 후에 그것을 자신의 능력으로 했다고 자랑하며 하나님께 영광을 돌리지 않기 때문입니다.

기드온의 부르심도 그랬습니다. 기드온은 이스라엘 지파 중 므낫세 지파에 속한, 사회적으로 아주 약한 배경을 갖고 태어난 자였습니다. 기드온은 요아스의 아들로 아비에셀 족속에 속해 있었는데 지역 공동체에서도 그리 인정받지 못한 위치에 있었던 것 같습니다.

기드온은 '오브라'라는 작은 마을에 은둔한 듯 살고 있었습니다. 기드온은 스스로를 '가장 작은 자'라고 생각했습니다. 그런 기드온을 하나님이 부르셨습니다.

이스라엘 역사상 가장 위대한 부르심을 받은 모세도 그랬습니다. 바로의 궁궐에서 40년간 공주의 아들로 교육받았습니다. 그는 이스라엘 백성을 노예 생활에서 구하겠다는 생각을 갖고 있었습니다. 어느 날 모세가 이스라엘 사람들에게 가서 고되게 노동하는 모습을 보았습니다. 애굽 사람이 자기 형제를 치는 모습을 보고 분개하여 그 애굽 사람을 쳐 죽였습니다. 그 사건이 바로에게 알려져 모세는 미디안 광야로 도망하였고, 그곳에서 40년간 양을 치는 목동으로 살아가며 노인이 되었습니다.

모세가 하나님의 부르심을 받은 때는 바로의 궁궐에서의 화려하고 혈기 왕성했던 때가 아니라, 미디안 광야에서 양치기 노인으로 살아가던 때입니다. 공주의 아들로 마흔 살의 당당함은 사라지고, 소망을 잃어버린 연약한 팔순의 노인이 되어 있었습니다.

모세는 하나님의 부르심을 듣고 자신의 모습을 살펴보며 "오 주여 나는 본래 말을 잘 하지 못하는 자니이다 주께서 주의 종에게 명령하신 후에도 역시 그러하니 나는 입이 뻣뻣하고 혀가 둔한 자니이다"(출 4:10)라고 말합니다.

모세의 실제 모습은 그렇지 않습니다. 일곱 집사 중 한 사람이었던 스데반 집사는 "모세가 애굽 사람의 모든 지혜를 배워 그의 말과 하는 일들이 능하더라"(행 7:22)라고 하였습니다.

미디안 광야에서 소망을 잃어버리고 살던 모세는 스스로 '입이 뻣뻣하고 혀가 둔한 자'라고 말하지만 모세의 내면에는 '말과 하는 일에 능함'이 있는 지도자였습니다.

예레미야의 부르심도 같았습니다.

하나님이 예레미야에게 "내가 너를 모태에 짓기 전에 너를 알았고 네가 배에서 나오기 전에 너를 성별하였고 너를 여러 나라의 선지자로 세웠노라"(렘 1:5) 하셨습니다.

하나님의 부르심에 예레미야는 "슬프도소이다 주 여호와여 보소서 나는 아이라 말할 줄을 알지 못하나이다"라고 대답합니다.

그런 예레미야를 향해 하나님께서 말씀하십니다. "여호와께서 내게 이르시되 너는 아이라 말하지 말고 내가 너를 누구에게 보내든지 너는 가며 내가 네게 무엇을 명령하든지 너는 말할지니라 너는 그들 때문에 두려워하지 말라 내가 너와 함께하여 너를 구원하리라 나 여호와의 말이니라 하시고 여호와께서 그의 손을 내밀어 내 입에 대시며 여호와께서 내게 이르시되 보라 내가 내 말을 네 입에 두었노라"(렘 1:7-9).

예레미야는 그의 입에 하나님의 말이 있는 것을 알지 못했습니다.

하나님의 사자가 기드온을 부르며 '큰 용사'라고 합니다. 그러나 기도온은 "나의 집은 므낫세 중에 극히 약하고 나는 내 아버지 집에서 가장 작은 자니이다"라고 합니다. 기드온은 자기 안에 큰 용사가 있는 것을 알지 못하고 있었습니다.

하나님이 부르실 때 각자의 내면에 갇혀 있는 큰 용사를 찾아야 합니다. 하나님의 부르심을 받는 순간은 자신을 발견하는 순간이 됩니다.

하나님은 하나님의 뜻을 이루시기 위해 사람 안에 큰 용사를 두고 그를 부르십니다. 하나님의 부르심을 받은 사람의 내면에 존재하는 큰 용사는 하루아침에 생긴 것이 아닙니다. 하나님의 섭리 안에 오랜 시간의 훈련과 연단의 과정을 통해 내면에 성장하게 되는 것입니다.

한국인 청년 한 사람이 어린 시절 조기 유학으로 미국에 갔다가 부모님이 사기를 당해 귀국하지 못하고 불법체류 신분으로 뉴욕 플

러싱에서 어렵게 살았습니다. 청년은 그런 어려운 환경을 극복하고 미국 명문고등학교를 거쳐 하버드대학을 졸업하고, 전 세계적으로 최고의 장학금으로 알려진 로즈 장학 대상으로 선발되었습니다.

그 청년이 하버드대학교 졸업 연설에서 "아버지의 휜 다리와 어머니의 굳어진 손이 나의 재능을 키웠다"라고 말했습니다. 불법체류라는 불안정한 생활 환경과 가난이 청년의 마음에 용사를 키워낸 것입니다.

저는 월드미션 프론티어라는 선교회의 설립자로 "비전 2030"을 추진하고 있습니다. 아프리카 5개국을 대상으로 대학교와 여러 곳의 선교센터에 유치원과 초·중·고등학교를 설립하고 있습니다. 제가 이렇게 큰 건축들을 감당할 수 있는 것은 개척교회를 사명으로 열 개의 예배당을 손수 건축하며 가난하게 살았던 아버지의 헌신과 희생적인 삶이 내 안에 용사를 길러낸 것이라 생각합니다.

기드온을 큰 용사로 기른 것은 미디안의 압제 아래 고통받는 불안정한 환경이었습니다.

현재 겪고 있는 어떠한 환경도 당신을 거기에 앉아 있게 해서는 안 됩니다. 하나님은 그런 고난을 통해 당신 안에 큰 용사를 키우셨습니다. 내 안에 있는 용사를 발견하고 그 자리에서 일어나야 합니다.

2) '우리'의 영역 확장(열정의 힘)

하나님의 사자가 기드온에게 "여호와께서 너와 함께 계시도다"라고 인사하는데 기드온의 대답을 보면 '나'보다는 '우리'에 강조점을 두는 모습입니다.

> "오 나의 주여 여호와께서 **우리**와 함께 계시면 어찌하여 이 모든 일이 **우리**에게 일어났나이까 또 **우리** 조상들이 일찍이 **우리**에게 이르기를 여호와께서 **우리**를 애굽에서 올라오게 하신 것이 아니냐 한 그 모든 이적이 어디 있나이까 이제 여호와께서 **우리**를 버리사 미디안의 손에 **우리**를 넘겨주셨나이다."

기드온의 관심은 '나', '내 가족'을 넘어 이스라엘 백성 전체를 의미하는 '우리'에게 있었습니다.

'우리'라는 단어는 공동체 중심의 문화와 정서적 유대감을 표현하는 상징적인 단어입니다. 말하는 사람과 듣는 사람 모두를 포함하려는 느낌이 있습니다. '우리 집'은 나만의 집이 아닌, 대화하는 상대도 함께 공유하는 집처럼 느끼게 합니다. '우리'는 자신을 공동체 속에 포함하여 '나'보다는 '우리'가 중요한 정서를 나타냅니다.

'나'가 아닌 '우리'를 생각하는 것은 지도자의 덕목입니다. 큰 용사 청년 기드온은 미디안 사람들의 억압 가운데 고통받는 이스라엘 전체를 우리로 생각하고 있었습니다.

'나'와 '내 가족' 외에는 누구도 생각할 수 없는 극한의 상황에서 기드온의 마음은 '우리'라는 이스라엘 공동체를 품고 있었습니다. 기드온의 마음은 '우리'를 구하고자 하는 열정으로 불타고 있었을 것입니다.

하나님의 사자가 기드온을 불러 "너는 가서 이 너의 힘으로 이스라엘을 미디안의 손에서 구원하라" 하셨습니다.

'우리'를 생각하는 열정이 기드온의 힘이었습니다. 기드온에게 있었던 하나님이 함께하심에 대한 열망과 이스라엘 백성을 구하고자 하는 열정, 그것이 이스라엘을 구원할 힘이었던 것입니다.

위대한 일을 행하는 지도자가 되기 위해서는 사고의 범위를 넓혀야 합니다. 시대와 공동체를 품는 깊이와 미래를 보는 통찰력을 포함합니다. 과거에서 배우고, 현재의 상황을 살피며, 먼 미래를 보는 비전이 있어야 합니다.

개인의 이익이나 성공에 집착하지 않고 그가 속한 공동체, 국가와 인류의 문제를 품어야 합니다. 공동체를 품으면 그 공동체가 '우리'가 되고, 국가를 품으면 모든 국민이 '우리'가 됩니다.

느헤미야는 바벨론에서 포로생활을 하던 중 예루살렘 성벽이 무너졌다는 소식에 가슴 아파하면서 금식과 기도를 시작하였습니다.

민족의 죄를 회개하며 예루살렘 성벽의 재건을 위해 기도하였습니다. 술관원으로 아닥사스다 왕을 섬기던 느헤미야는 왕의 허락으로 유다의 총독이 되었습니다. 느헤미야는 이스라엘 공동체를 '우리'로 마음에 품고 기도한 용사였기에, 그가 열망했던 예루살렘 성벽과 이스라엘 공동체의 재건을 이룩하였습니다.

바울은 유대 민족의 한계를 넘어 이방인들을 '우리'의 영역으로 품었던 사도입니다.

바울에게 동족 이스라엘에 대한 열정이 없었던 것이 아닙니다. 바울은 "나의 형제 곧 골육의 친척을 위하여 내 자신이 저주를 받아 그리스도에게서 끊어질지라도 원하는 바로라"(롬 9:3)라고 하며 가족과 민족에 대한 열정을 말하였습니다. 그러나 바울은 내 가족, 내 민족에 그치지 않고 이방인들을 품고 이방인 선교에 집중하였습니다.

이사야 선지자는 "네 장막터를 넓히며 네 처소의 휘장을 아끼지 말고 널리 펴되 너의 줄을 길게 하며 너의 말뚝을 견고히 할지어다 이는 네가 좌우로 퍼지며 네 자손은 열방을 얻으며 황폐한 성읍들을 사람 살 곳이 되게 할 것임이라"(사 54:2-3)라고 하였습니다.

장막터를 넓히고, 휘장을 널리 펴고, 줄을 길게 하는 것은 신앙의 영향력과 삶의 영역을 넓히는 것입니다. 내가 차지하는 땅, 즉 내가 영향력을 미칠 수 있는 범위를 넓혀가는 것입니다. 섬김과 봉사의 영역, 말씀과 친교의 영역, 사랑과 이해의 영역을 더 넓히는 것입니다.

아는 사람에게만 선을 행하는 것이 아니라 전혀 모르는 사람, 더 넓은 공동체, 사회 전반에까지 그리스도의 사랑과 가치를 실천하는 것입니다.

위대한 길을 가기 위해서는 우리의 영역을 확장해야 합니다. 어떻게 우리의 영역을 확장할 수 있을지 생각해 봅니다.

(1) 기도의 영역을 확장해야 합니다.

'우리'의 영역을 넓히기 위해 기도의 영역을 확장하는 것입니다. 당신의 매일의 기도에 당신만을 위해 기도한다면 '우리'의 영역은 당신 안에 갇히게 됩니다. 부모형제 가족들을 위해 기도한다면 당신의 '우리' 영역은 당신의 가족이 될 것입니다. 공동체와 불행한 이웃과 나라와 민족을 위하여 기도한다면 당신이 섬겨야 할 '우리'의 영역이 더욱 확장될 것입니다. 기도는 쉽지 않은 수고입니다. 그러나 기도는 믿음의 역사를 이루는 힘입니다. 우리가 살아가는 사회의 현안에 대하여 깊이 있는 기도의 삶을 살아야 합니다.

(2) 시선의 영역을 넓혀야 합니다.

모세는 미디안 광야에서 40년간 장인의 양을 치는 처량한 노인이 되었습니다. 어느 날 호렙산으로 양 떼를 몰고 갔다가 불타는 떨기나무를 발견하였습니다. 먼 길을 걸어와 피곤한 모세가 그냥 지나칠 수도 있었지만, 떨기나무가 사라지지 않는 모습을 보고 "내가 돌이켜 가서 이 큰 광경을 보리라 떨기나무가 어찌하여 타지 아니하는고" 할 때에 하나님을 만나고 인류 역사상 가장 위대한 사명을 받게 됩니다(출 3:1-4).

세상은 불타고 있습니다. 불타는 세상이 여러분의 '우리'가 될 때 그 불길 속에서 위대한 사명을 발견하게 될 것입니다.

(3) 가치관의 영역을 확장해야 합니다.

가치관이란 개인이나 공동체에게 무엇이 중요하고 옳은지에 대한 신념과 기준을 말합니다. 가치관은 사람의 생각하고 판단하고 행동하는 방식을 결정하는 데 영향을 미치며, 삶의 방향과 우선순위를 결정하는 기준이 됩니다. 사람의 가치관이 그가 걷는 길의 방향이 될 것입니다.

가치관의 영역을 넓히라는 말은 내 신앙과 삶의 영향력을 더 넓은 공동체와 사회로 확장하여, 하나님의 사랑과 진리를 실천하고 전파하라는 뜻입니다. 이는 믿음, 사랑, 봉사, 교육, 인격 등 삶의 모든 영역에서 성경적 가치관을 적용하고 실천하는 적극적인 태도를 요구합니다.

3) 하나님과 동행

기드온을 부른 하나님은 "내가 반드시 너와 함께하리니 네가 미디안 사람 치기를 한 사람을 치듯 하리라"라고 하셨습니다. 하나님은 사람을 부르실 때 동행을 약속하십니다. 예수님도 제자들에게 대사명을 맡기시면서 동행을 약속하셨습니다.

> "그러므로 너희는 가서 모든 민족을 제자로 삼아 아버지와 아들과 성령의 이름으로 세례를 베풀고 내가 너희에게 분부한 모든 것을 가르쳐 지키게 하라 볼지어다 내가 세상 끝날까지 너희와 항상 함께 있으리라 하시니라"(마 28:19-20).

하나님과 동행하는 사람들은 그 사람의 삶 속에서 동행의 증거가 나타나야 합니다. 부르심을 받은 사명자로 하나님의 간섭과 역사하심이 나타나는 삶입니다.

요셉은 애굽으로 팔려가 노예의 신분으로 살았지만, 그의 생활 속에서 하나님의 동행하심을 주인이 인정하게 되었습니다.

"요셉이 이끌려 애굽에 내려가매 바로의 신하 친위대장 애굽 사람 보디발이 그를 그리로 데려간 이스마엘 사람의 손에서 요셉을 사니라 여호와께서 요셉과 함께하시므로 그가 형통한 자가 되어 그의 주인 애굽 사람의 집에 있으니 그의 주인이 여호와께서 그와 함께하심을 보며 또 여호와께서 그의 범사에 형통하게 하심을 보았더라"(창 39:1-3).

감옥에 갇혀 있는 상황에서도 간수장이 옥중 죄수와 제반 사무를 요셉에게 맡겼습니다. 간수장의 눈에 하나님이 요셉과 함께하심을 보았기 때문입니다.

이스라엘 사람들은 사무엘을 하나님이 세우신 선지자로 알았습니다. 그가 하는 말은 모든 것이 현실로 이루어지는 것을 경험했기 때문입니다.

"사무엘이 자라매 여호와께서 그와 함께 계셔서 그의 말이 하나도 땅에 떨어지지 않게 하시니 단에서부터 브엘세바까지의 온 이스라엘이 사무엘은 여호와의 선지자로 세우심을 입은 줄을 알았더라"(삼상 3:19-20).

하나님과 동행하는 삶의 증거는 실제 신앙인의 삶을 통해 나타납니다.

(1) 하나님의 임재와 평강

하나님과 동행하는 사람은 외적 환경이 어떻든 마음에 평강과 담대함이 있습니다. 하나님이 우리와 함께하시니 두려워하지 말라고 하셨습니다(사 41:10).

(2) 말씀에 대한 순종

하나님과 동행하는 사람은 자기 뜻보다 하나님의 말씀에 순종합니다. 성경에 나타난 위대한 인물들은 하나님의 말씀에 즉각 순종했습니다. 예수님은 "너희가 나를 사랑하면 나의 계명을 지키리라"(요 14:15) 하셨습니다.

(3) 기도의 응답

하나님과 동행하는 사람은 기도할 때 하나님께서 응답하십니다. 하나님과의 친밀한 교제를 통해 기도가 살아 있고, 실제적인 응답이 나타납니다. 예수님은 "무엇이든지 원하는 대로 구하라 그리하면 이루리라"(요 15:7) 약속하셨습니다.

(4) 성령의 열매가 나타남

하나님과 동행하는 삶은 인격의 변화로 나타납니다. 사랑, 희락, 화평, 오래 참음, 자비, 양선, 충성, 온유, 절제라는 열매입니다(갈 5:22-23).

(5) 세상과 구별된 삶

세상의 가치관을 따르지 않고 거룩한 삶을 추구하게 됩니다. 빛과 소금의 역할을 감당하며 세상에 영향력을 끼칩니다. 예수님은 "너희는 세상의 빛이라 너희 빛이 사람 앞에 비치게 하라"라고 하셨습니다(마 5:14-16).

(6) 고난 중에도 믿음으로 승리

하나님과 동행하는 사람은 시련과 고난 속에서도 낙심하지 않고 믿음으로 나아갑니다. 요셉은 억울한 감옥생활 중에도 하나님과 동행함으로 결국 총리가 되었습니다.

(7) 열매와 성취

하나님과 동행하는 사람은 하나님이 주신 사명을 이루는 열매가 있습니다. 기드온, 다윗, 바울처럼 하나님의 뜻을 이루는 삶을 살아갑니다.

하나님과 동행하기 위해서는 믿음의 사람이 되어야 합니다.
에녹이 하나님의 부르심을 받은 후의 삶은 하나님과 동행하는 삶이었습니다(창 5:24). 히브리서에서는 "믿음으로 에녹은 죽음을 보지 않고 옮겨졌으니 하나님이 그를 옮기심으로 다시 보이지 아니하였느니라 그는 옮겨지기 전에 하나님을 기쁘시게 하는 자라 하는 증거를 받았느니라"(히 11:5)라고 하였습니다. 에녹은 하나님과 동행하므로 하나님을 기쁘시게 하는 자가 되었습니다.

하나님의 부르심이 무엇인지, 내 안에 있는 용사는 무엇인지를 찾아 위대한 길을 하나님과 동행하며, 하나님을 기쁘시게 하는 사람이 되어야 하겠습니다.
하나님이 부르실 때 당신을 둘러싸고 있는 것이 어떤 환경이든 앉아 있는 그 자리에서 일어나 위대한 길을 떠날 준비를 해야 할 것입니다.

간증 1

나는 이렇게 비전을 받았다

2부에서 생각하려고 하는 '하이어 콜링 – 비전'에 대한 이해를 돕기 위해 제가 경험한 비전에 대한 이야기를 나누려고 합니다.

한국의 대학원에서 컴퓨터 네트워크를 전공하고, 미국으로 이주하여 실리콘밸리에서 컴퓨터 분야의 사업을 경영하게 되었습니다. 사업이 성장할수록 제 마음에 갈등과 두려움이 커갔습니다. 하나님의 부르심에 대한 갈등이었습니다.

저는 고등학교 시절부터 목사로 부르시는 하나님의 음성을 듣게 되었습니다. 그러나 목회자의 가정에서 성장하여 목회자의 힘든 상황을 잘 알고 있었기에 저는 그 부르심에 순종할 수가 없었습니다. 부르심을 대신하기 위해, 컴퓨터 관련 사업을 경영하면서 한인 교포들을 위한 〈크리스찬 라이프〉라는 기독교 주간신문을 창간하였습니다.

백만 명의 무고한 생명이 학살되는 르완다 땅으로 부르시는 하나님의 음성이 들려왔습니다. 거역할 수 없는 부르심이었습니다. 그동안 부르심을 피해 도망 다녔는데, 마지막 부르심이라는 생각이 들었습니다. 이번에 순종하지 않으면 버림받을 것 같은 마음이 들어서 르완다 전쟁 현장으로 떠났습니다. 지도에서 찾기 힘들 정도로 작은 나라 르완다, 어떻게 가야 하는지 길도 모르는 나라를 향해 떠났습니다.

40일 동안 수많은 고아와 전쟁 미망인, 그리고 난민촌 사람들 속에서 하나님의 음성이 다시 들려왔습니다. "너의 아버지는 열 개의 성전 건축을 위해 헌신하였는데, 너는 저 고아들을 위하여 고아원 하나는 지어줄 수 있지 않겠느냐?"라는 음성이었습니다.

르완다에 고아원을 건축하고 1년만 어린이들을 돕고 손을 떼려고 하였는데, 고아원을 멈출 수가 없었습니다. 그래서 제가 스무 살부터 여든 살까지 건강하게 살 수 있는 인생의 십일조로 6년을 드리기로 하였습니다. 그렇게 사업을 처분하고 기독교 신문을 계속 발행하며 아프리카 선교에 집중하였습니다.

6년의 세월이 흘러 사역의 짐을 내려놓기로 하였습니다. 우간다 선교센터는 사업을 경영하며 개인적으로 지원하기로 하고, 르완다의 27개 유치원과 고아원은 현지인 단체를 만들어 이양하였습니다.

그런데 저는 개인적으로 깊은 갈등의 늪에 빠지게 되었습니다.
'사역을 그만두고 무슨 일을 할 것인가?'
'나의 사명은 무엇인가?'
우간다에 건축한 예배당에서 기도하는데 "이것이 네 사명이지 무엇이 네 사명이겠느냐?"라는 음성이 들려왔습니다. 아프리카 선교가 저의 소명의 자리였습니다.

제 마음에 선교에 대한 갈등도 있었습니다.
'변화되지 않는 아프리카를 위해 나와 가족이 희생할 필요가 있는가?'
'이렇게 가난한 사람들, 고아와 과부들을 위해 물질적으로 돕는 일이 선교인가?'
'아프리카를 변화시킬 수 있는 힘은 무엇일까?' 하는 의문이었습니다.

개인 소명의 문제와 선교에 대한 심한 갈등을 겪으며 1년 동안 기도하던 중, 2000년 1월에 르완다의 피그미촌에 가게 되었습니다. 그

동안 사역의 짐이 무거워 찾지 못한 소외계층 사람들이었습니다.

그들의 주업은 항아리 만드는 일입니다. 물레도 없이 익숙한 손으로 항아리를 빚어내지만 불가마는 없습니다. 손으로 빚은 항아리를 마당에 줄지어 세워둔 뒤에 풀을 덮고 불을 지르는 것이 전부입니다. 항아리를 머리에 이고 수십 리 길을 걸어 나가 팔아보지만 한 개 가격이 이백 원도 되지 않습니다.

현지 사역자 조나스 목사와 피그미촌을 방문하였습니다. 피그미 마을로 가기 위해 마을 사무소에 신고하니 경찰관 두 명이 길을 안내해 주었습니다. 그날이 장날이라 피그미촌은 비어 있었습니다. 그들은 자신들이 만든 항아리를 이고 장터로 나가고 없었던 것입니다.

손님이 왔다고 하니 할아버지 한 분이 마중을 나왔습니다. 자기 키보다 긴 지팡이를 들고, 꼬부라진 허리를 지탱하며 손님을 맞아 주었습니다. 쭈글쭈글한 까만 가죽이 덮고 있는 할아버지의 발목이 너무나 처량해 보였습니다. 이빨은 다 빠지고, 얼굴에는 주름이 가득하였습니다. 사람의 얼굴에 그렇게 많은 주름을 처음 보았습니다. 할아버지의 주름에는 수심으로 가득하였고, 그 얼굴에서 소망이라곤 찾아볼 수 없었습니다.

할아버지가 앞장서 자신의 초막집으로 가는데 갑자기 제 마음에 하나님의 음성이 들려왔습니다. "내가 너를 선교사로 이 땅에 보냈는데 저 할아버지에게 예수의 복음을 전해야 하지 않겠느냐?"

그때까지 저는 저 자신을 선교사라고 생각하지 않았습니다. 현지 목회자들의 사역을 돕는 도우미로 사역하였습니다.

조나스 목사에게 예수님을 소개하는 설교를 하라고 하였습니다. 할아버지와 할머니가 초막 앞에 쪼그리고 앉았습니다. 피그미 어린이들이 할아버지 앞에 나란히 앉았습니다. 주변에 사는 다른 부족 사람들이 구경하러 몰려들었고, 경찰도 팔짱을 끼고 이 광경을 보고 있었습니다.

조나스 목사가 예수님을 소개하였습니다. 그리고 "예수를 영접하느냐?"라고 물으니 할아버지가 고개를 끄덕거렸습니다. 이 모습을 보고 주변에 둘러선 사람들의 얼굴에 비웃음이 드러났습니다. 피그미 사람이 복음을 이해하고 예수를 영접한 것을 비웃는 웃음이었습니다. 주변 사람들에게 피그미촌 사람들은 그저 짐승과 같이 천한 사람들로 여겨졌기 때문입니다.

"예수님을 영접한 이 가정에 구원이 임했다"라는 구원을 선포하는 순간, 수심에 가득 찼던 할아버지의 얼굴에 갑자기 환한 미소가 번졌습니다. 기쁨으로 가득 찬 할아버지의 얼굴을 보는 그 순간, 저는 지난 1년 동안 고통스럽게 기도했던 기도의 응답을 받았습니다.

'선교란 무엇인가? 이 땅을 변화시킬 힘은 무엇인가?'라는 고심으로 기도했는데, 말씀이 그 땅을 변화시킬 수 있는 힘이라는 것을 눈으로 확인하는 순간이었습니다. 그리스도를 주인으로 영접한 피그미 할아버지의 마음에 단번에 천국이 이루어지는 모습을 보았기 때문입니다.

눈물이 고여 뒤로 돌아서는 순간, 다시 마음에 하나님의 음성이 들려왔습니다. "여기 피그미촌에서 열었던 이 부흥집회를 르완다 전국에서 열어라"라는 큰 음성이었습니다.

불가능한 일이었습니다. 그래서 아무에게도 말하지 못하고 마음에 두고만 있었습니다.

그런데 시간이 갈수록 그 생각을 떨쳐버릴 수가 없었습니다. '르완다 전국 복음화 대회'라는 비전이 마음에서 사라지지 않고 소원이 되어 더 커져간 것입니다.

2000년 8월에 르완다 가히니 지역 성공회 주최 전도집회에 도움을 요청받았습니다. 미국에서 영어권 목사님을 강사로 초청해서 함께 갔습니다. 3일의 집회 기간 동안 르완다 전국 복음화 대회의 가능성을 점검하며 복음화 대회의 필요성을 보았습니다. 그러나 전국에서 그런 집회를 동시에 여는 것은 불가능한 일이었습니다.

가히니 집회를 마치고 키갈리 사무실로 돌아와서 영자 신문 한 장을 발견하였습니다. 클린턴 대통령이 탄자니아 아루샤에서 아프리카 정상회담을 하였다는 소식이 게재되어 있었습니다.

아프리카 여러 나라의 정상들이 모인 회담이었습니다. 세계에서 가장 부자 나라 대통령을 만났으니 미국의 식량지원으로 아프리카의 식량 문제를 해결할 수 있을 것이라는 기대가 있었을 것입니다. 세계에서 가장 강력한 군사력을 가진 미국의 무기 원조로 각 나라의 반군을 진압하여 평화를 찾을 것이라는 기대도 있었을 것입니다.

그런데 아프리카 정상회담을 마친 클린턴 대통령은 "미국이 이 땅에 평화를 줄 수 없습니다"라는 말로 결론을 내렸습니다.

그 기사를 읽으며 깜짝 놀라 일어났습니다. "미국의 경제력이나 군사력으로 이 땅에 평화를 줄 수 없기 때문에 내가 너를 복음의 일꾼으로 이 땅에 보냈다"라는 음성이었습니다.

그 순간 지난 8개월 동안 사람들에게 말하지 못했던 복음화 대회를 개최하기로 결단하였습니다. 현지에서 사역하는 조나스 목사와 현지사역자 몇 명을 불러 비전을 제시하고 함께 기도하였습니다. 그리고 아주 미약한 저와 동역자들이 "2001 르완다 전국 복음화 대회" 준비를 시작하였습니다.

르완다 땅은 백만 명의 무고한 생명이 죽은 땅입니다. "르완다 전국 복음화 대회"는 르완다를 장악하고 있는 사탄을 대적하는 목숨을 건 도전이었습니다. 그런 위대한 비전을 위해 재정도 빈약하고 조직도 없는 한 선교사를 부르신 것입니다.

저에게는 그것이 하나님이 주신 비전이 분명했습니다. 하나님이 역사해 주실 것을 믿고 1년간 온 힘을 다해 준비해서 "2001 르완다 전국 복음화 대회"를 개최할 수 있었습니다.

'더 높은 소명·비전'으로의 부르심은 그것으로 그치지 않고 "2011 부룬디 복음화 대회"에 이르기까지 10년간 계속되어 아프리카 5개국에서 개최하게 하셨습니다.

2001년부터 2011년까지 10년 동안 아프리카 5개국에서 진행된 세미나와 전도집회에 한국과 미국에서 준비된 1,500명의 단기선교단이 아프리카 현지에서 총 150만 명이 참가하는 대성회를 이루었습니다.

2부
위대한 길을 준비하라!

사명(Mission), 소명(Calling), 비전(Vision)이라는 말을 많이 사용합니다. 여러 가지 의미로 생각할 수 있겠지만 이 책에서는 다음과 같이 정의하고 생각하겠습니다.

사명(Mission)은 사람이 반드시 행해야 하는 하나님의 명령입니다. 하나님은 사람을 창조하시고 사명을 주셨습니다. 성경 전체를 통해 인간에게 주신 4대 사명(Mission)을 발견할 수 있습니다.

소명(Calling)은 각 사람에게 주어지는 개인적 사명입니다. 직업의 소명이 있고, 하나님의 공동체를 위한 사역의 소명이 있습니다. 사람은 각자에게 주신 소명의 자리에서 성실하게 살아야 합니다.

비전(Vision)은 하나님이 이 땅에 이루시고자 하는 일입니다. 하나님은 하나님의 뜻을 이 땅에 이루시기 위하여 소명의 자리에 있던 사람을 불러, 더 높은 소명(Higher Calling)을 주십니다.

'더 높은 소명' 즉, '비전'을 행하는 것이 위대한 길입니다. <2부 - 위대한 길을 준비하라>에서는 '하이어 콜링 - 비전', '기드온과 삼백 용사', '스스로 개척하라!', '리더십의 핵심가치와 결단'이라는 내용을 생각합니다.

'하이어 콜링 - 비전'은 소명의 자리에서 하나님이 더 높은 소명으로 부르심에 대하여 말하고 있습니다. 사람의 힘으로는 감당할 수 없는 큰 일을 마음에 소원으로 두고 감당하게 하십시오. 위대한 사명자는 자기의 소명이 무엇인지 분명하게 알아야 합니다. 어떻게 더 높은 소명, 비전을 받고 수행할 수 있는지를 생각합니다.

'기드온과 삼백 용사'에서는 사람의 힘과 능력으로 비전을 수행하는 것이 아니라 하나님의 방법으로 하나님의 뜻을 이루는 모습을 생각합니다. 기드온의 용사들이 그들의 손에 무기로 항아리와 횃불과 나팔을 들었습니다. 하나님의 비전을 성취하기 위한 자기 준비에 대하여 생각합니다.

'스스로 개척하라!'에서는 현재 우리의 열악하고 부조리한 환경을 원망하지 않고, 하나님께서 우리를 부르실 때 주신 것으로 부르심을 믿고 앞으로 나아가는 개척 정신에 대하여 말하고 있습니다.

'리더십의 핵심가치와 결단'에서는 다윗이 어떻게 정의와 공의를 행하는 위대한 왕으로 살았는지 그의 비전의 핵심가치를 생각합니다. 다윗이 스스로 의로움으로 무장하고 이스라엘 공동체를 아름답게 세우는 모습을 통해 리더의 자세와 핵심가치를 생각합니다.

2부의 내용을 통해 청년들을 부르시는 하나님의 음성을 듣고 비전을 발견하고, 위대한 길을 가기 위해 자신을 준비하고 개척의 정신을 가다듬을 수 있기를 바랍니다.

1.
하이어 콜링 – 비전

"믿음은 바라는 것들의 실상이요 보이지 않는 것들의 증거니 선진들이 이로써 증거를 얻었느니라 믿음으로 모든 세계가 하나님의 말씀으로 지어진 줄을 우리가 아나니 보이는 것은 나타난 것으로 말미암아 된 것이 아니니라"(히브리서 11:1-3)

하나님은 사람마다 모두 다른 목적으로 세상에 보내시고, 그분의 계획에 따라 그들을 양육하고 연단하십니다. 그리고 하나님의 때에 그들을 불러 하나님이 원하시는 일을 맡기십니다.

위대한 삶을 살기 위해서는 하나님이 각자를 불러 하게 하시는 일이 무엇인지를 분명히 알아야 합니다.

'사명'(Mission), '소명'(Calling), '비전'(Vision)이라는 말을 많이 사용합니다. 이 장에서는 사명과 소명이 무엇인지 간단히 설명하고, 비전에 대하여 깊이 생각해 보겠습니다.

1) 인간의 4대 사명(Mission)

성경 전체의 내용을 보면 사람에게는 네 가지 기본 사명이 있습니다. 사명이란 사람이 반드시 행해야 하는 하나님의 명령입니다. 하나님이 사람을 창조하신 목적이기도 합니다.

성경에 나타나는 인간의 4대 사명은 '생육하고 번성하라', '모든 생물을 다스리라', '하나님 여호와를 섬기라', '가서 모든 민족을 제자로 삼으라'는 네 가지로 요약할 수 있습니다. 이것은 인간이라면 누구나 실천해야 하는 기본 사명입니다.

(1) 제1사명 – 생육하고 번성하여 땅에 충만하고, 땅을 정복하라.

창세기 1장에는 천지창조의 대역사를 기록하고 있습니다. 하늘의 해와 달과 별, 땅에 살아가는 모든 생물과 인간이 창조되는 이야기입니다. 창조의 역사를 마치고 하나님은 사람에게 사명을 주셨습니다.

그 첫 번째 사명이 "생육하고 번성하여 땅에 충만하라, 땅을 정복하라"(창 1:28)라는 것입니다.

하나님의 형상대로 남자와 여자를 창조하시고 결혼을 통해 '생육하고 번성'하도록 하셨습니다. 남자와 여자가 혼인을 통해 자녀를 갖고 가정이 번성하는 것은 인간의 기본 사명입니다.

오늘날 결혼을 기피하고 출산을 거부하는 모습은 인구감소에 대한 걱정 이상으로 인간의 기본사명에 순종하지 못하는 것에 대한 안타까움입니다.

(2) 제2사명 – 모든 생물을 다스리라.

창세기 1장 28절 한 구절에 인간에게 부여하신 두 가지 사명이 제시됩니다.

그 두 번째 사명이 "바다의 물고기와 하늘의 새와 땅에 움직이는 모든 생물을 다스리라"는 사명입니다.

다스리라는 것은 자연을 마음대로 훼손하며 소멸시키라는 말이 아닙니다. 하나님이 지으신 자연을 잘 관리하여, 그 안에 살아가는 생명체들이 생육하고 번성하도록 보살피라는 명령입니다. 그런데 인간은 생활의 편리를 위해 숲을 훼손하고 강과 바다를 오염시켜 생명체의 생존을 위협함으로 많은 종의 생물체가 소멸되고 있습니다.

산업화의 과정에서 공기는 오염되고 오존층이 파괴되어 지구의 기온상승으로 기후변화의 몸살을 앓고 있습니다. 해마다 지구 곳곳에서 일어나는 재난의 소식이 점점 그 강도를 더하고 있습니다.

이것은 인간이 두 번째 사명을 잘 감당하지 못한 돌이킬 수 없는 결과입니다. 하나님이 창조하신 자연을 잘 관리하도록 이제라도 세계인이 힘을 합해야 합니다. 미래 세대에게 깨끗하고 아름다운 지구를 유산으로 물려주어야 할 것입니다.

(3) 제3사명 – 하나님 여호와를 섬기라.

"네 하나님 여호와를 섬기라 그리하면 여호와가 너희의 양식과 물에 복을 내리고 너희 중에서 병을 제하리니 네 나라에 낙태하는 자가 없고 임신하지 못하는 자가 없을 것이라 내가 너의 날수를 채우리라"(출 23:25-26).

"생육하고 번성하여 땅에 충만하라, 땅을 정복하라" 하신 이유를 출애굽기에서 알 수 있습니다. 이스라엘이 애굽에서 생육하고 번성한 후에 가나안 땅으로 인도한 모세는 그들에게 "네 하나님 여호와를 섬기라" 합니다. 이 말씀으로 보아 하나님은 사람이 생육하고 번성하여 이 땅에 충만하여 어느 곳에서든지 여호와를 섬기기를 원하신 것을 알 수 있습니다.

여호와를 섬기는 것은 예배의 삶입니다. 사람은 어느 곳에 있든지 하나님을 예배하는 삶을 살아야 합니다. 또한 이웃을 사랑하고 섬겨야 합니다. 하나님을 섬기고 이웃을 섬기는 것이 인간의 사명입니다.

사람은 의식주 문제에 얽매여 하나님을 잊고 살아갑니다. 우선권이 바뀐 삶입니다. 모세는 하나님 여호와를 섬기면 '양식, 물, 건강, 출산, 장수'의 문제는 하나님이 해결하신다고 말하고 있습니다.

(4) 제4사명 – 가서 모든 민족을 제자로 삼으라.

"그러므로 너희는 가서 모든 민족을 제자로 삼아 아버지와 아들과 성령의 이름으로 세례를 베풀고 내가 너희에게 분부한 모든 것을 가르쳐 지키게 하라 볼지어다 내가 세상 끝날까지 너희와 항상 함께 있으리라 하시니라"(마 28:19-20).

선교적 삶은 믿음을 잃어버린 세대를 살아가는 청년들이 감당해야 할 시대적 대사명입니다. 예수 그리스도의 복음으로 이 땅을 정복하는 것입니다. 선교의 최종 목표는 주님의 복음을 전하고 주님의 몸 된 교회를 세우는 일입니다.

하나님의 교회는 "그리스도 예수 안에서 거룩하여지고 성도라 부르심을 받은 자들과 또 각처에서 우리의 주 곧 그들과 우리의 주 되신 예수 그리스도의 이름을 부르는 모든 자들"(고전 1:2)의 공동체입니다. 주님의 교회를 세우는 일은 이 세상 어떤 일보다 가치 있고 소중한 일입니다.

모든 인간이 기본적으로 감당해야 할 네 가지 사명(Mission)입니다.

남자와 여자가 만나 가정을 이루어 자녀를 낳고 생육하고 번성하는 일은 잘하는 일입니다.

하나님이 지으신 자연을 보호하기 위한 환경운동을 실천한다면 더 잘하는 일입니다. 거기에 더해 하나님을 찬양하고 예배하는 삶, 이웃을 내 몸과 같이 사랑하며 섬기는 삶을 살아야 합니다.

어느 곳에서 어떤 일을 하든지 예수 그리스도의 복음을 전하는 삶은 모든 인간의 기본 사명입니다.

이 네 가지 사명은 늘 마음에 기억하고 반드시 실천해야 하는 하나님의 명령입니다.

2) 소명(Calling)

지구상의 '모든 인간이 기본적으로 행해야 할 일을 사명(Mission)'이라고 정의하였습니다. 그리고 '각 사람에게 주어지는 개인적인 사명을 소명(Calling)'이라고 정의하였습니다. 사람들은 각자가 다른 '개인적 사명', 즉 소명을 갖고 출생합니다.

(1) 직업의 소명

기독교인들은 일반적으로 소명(Calling)을 목사나 선교사 등 교회에 관계된 직책에 한정해서 생각하는 경향이 있습니다. 그러나 인간에게 명령하신 4대 사명을 각 사람이 각 분야에서 실천하도록 직업의 소명을 주십니다.

세상에는 다양한 분야의 직업이 있습니다. 우리는 직업의 소명을 통해 우리가 속한 장소와 공동체에서 그리스도의 편지(고후 3:3)와 향기(고후 2:15)로 하나님의 나라를 세우는 삶을 살아야 합니다.

직업을 선택함에 있어서 직업의 귀천이 아니라, 그 직업으로 하나님의 영광을 드러내는지 하나님을 욕되게 하는지 생각해 보아야 합니다. 자기가 하는 일을 소중하게 여겨야 합니다. 그리스도 안에서 바른 가치관을 갖고 소명의 자리에서 하나님의 나라를 세워가야 합니다.

(2) 사역의 소명

이스라엘의 열두 지파 중에 레위족을 성전 일을 돌보기 위해 구별했던 것처럼, 지금도 교회와 복음사역을 위해 구별되어 부르심을 받은 사람들이 있습니다.

주의 성령이 역사하여 "어떤 사람은 사도로, 어떤 사람은 선지자로, 어떤 사람은 복음 전하는 자로, 어떤 사람은 목사와 교사로 삼으셨으니 이는 성도를 온전하게 하여 봉사의 일을 하게 하며 그리스도의 몸을 세우려 하심이라"(엡 4:11-12)라고 하였습니다.

주님의 지상 명령인 복음을 땅 끝까지 전하고 주님의 몸 된 교회를 섬기는 소명입니다.

직업의 소명이든 사역의 소명이든 각자의 자리에서 하나님의 영광을 위하여 살아야 합니다.

이 땅에 '정의와 공의를 강같이 흐르게'(암 5:24) 하고, '여호와의 인자하심이 세상에 충만하게'(시 33:4-5) 하며, '여호와를 아는 지식이 세상에 충만하게'(사 11:9), '여호와의 영광을 인정하는 것이 세상에 가득하게'(합 2:14) 하는 삶을 살아야 합니다.

3) 하이어 콜링 – 비전

'하나님께서 특별한 뜻을 이 땅에 이루시기 위하여 소명의 자리에서 성실하게 일하는 사람을 불러 하게 하시는 큰 일'을 비전(Vision)이라고 정의하겠습니다. 소명(Calling)의 자리에서 더 큰 일로 부르시는 것이기에 '더 높은 소명 - Higher Calling'이라고 하였습니다.

모세는 미디안 광야에서 장인의 양 무리를 돌보는 80세 노인 목동으로 살던 소명의 자리에서 더 큰 일을 위해 부르심을 받았습니다. 이스라엘을 애굽 노예의 자리에서 구하여 가나안 땅으로 인도하는 '더 높은 소명'으로 부르신 것입니다.

> "이제 가라 이스라엘 자손의 부르짖음이 내게 달하고 애굽 사람이 그들을 괴롭히는 학대도 내가 보았으니 이제 내가 너를 바로에게 보내어 너에게 내 백성 이스라엘 자손을 애굽에서 인도하여 내게 하리라"(출 3:9-10).

다윗은 양치기 소년으로 살았습니다. 일곱 명의 형들이 집에 머물고 있는 동안 다윗은 거친 들에 나가 양을 돌보아야 하는 불평등한 소명의 자리에 있었습니다. 사무엘 선지자가 아들들을 불러오라고 하니, 이새는 다윗을 제외한 일곱 아들을 그에게 인도하였습니다. 그러나 사무엘은 들에서 양치기 소명의 자리에 있던 다윗을 불러 이스라엘 왕으로 기름부었습니다.

사사 기드온도 부르심을 받았습니다. 미디안 사람들의 눈을 피해 묵묵히 포도즙 틀에서 밀을 타작하던 소명의 자리에서 더 높은 소명의 자리로 부르셨습니다.

"너는 가서 이 너의 힘으로 이스라엘을 미디안의 손에서 구원하라"(삿 6:14)라는 비전을 받았습니다. 기드온은 이 엄청난 부르심에 순종하여 이스라엘을 미디안으로부터 구원하여 40년간 평화의 시대를 열었습니다.

하나님께서 소명의 자리에서 묵묵히 성실하게 일하는 사람을 선택하여 '더 높은 소명', '비전'의 자리로 부르실 때가 그에게는 큰 위기의 순간이 됩니다. 아브라함은 하나님께 "너의 고향과 친척과 아버지의 집을 떠나 내가 네게 보여줄 땅으로 가라"(창 12:1)라는 더 높은 소명, 비전으로 부르심을 받았습니다. 이때가 우르를 떠나 하란 땅에 정착하여 평안하게 살던 아브라함의 생애에 가장 큰 위기의 시간이었습니다.

'더 높은 소명'의 자리로 부르시는 '비전'을 받았을 때 위기감, 의심, 두려움에 싸이게 됩니다.

그래서 그것이 이루어질 수 없는 일이라고 부정하는 사람이 있고, 하나님의 뜻이면 이루어질 것이라고 믿고 순종하는 사람이 있습니다.

누가복음 1장은 제사장 사가랴와 처녀 마리아에 대한 이야기로 시작됩니다.

사가랴가 반열에 따라 하나님 앞에서 제사장의 직무를 감당하며 주의 성전에 들어가 분향할 때 가브리엘 천사를 만납니다. 천사를 보고 놀라며 무서워하는 사가랴에게 "사가랴여 무서워하지 말라 너의 간구함이 들린지라 네 아내 엘리사벳이 네게 아들을 낳아 주리니 그 이름을 요한이라 하라"(눅 1:13)라고 하였습니다.

사가랴 제사장은 그의 기도가 응답되었음에도 "내가 늙고 아내도 나이가 많으니이다"라고 하며 천사의 말을 믿지 못했습니다. 사갸랴 제사장은 요한이 출생할 때까지 벙어리로 살아야 했습니다.

여섯 달이 지난 후에 그 천사 가브리엘이 처녀 마리아에게 나타나 "보라 네가 잉태하여 아들을 낳으리니 그 이름을 예수라 하라"(눅 1:31)라고 하였습니다.

처녀 마리아는 그 불합리한 환경에서도 "주의 여종이오니 말씀대로 이루어지이다"라고 순종하였습니다. 하나님은 "말씀대로 이루어지이다"라고 순종하고 행동하는 자들을 통해 일하십니다.

(1) 부르심의 확인

기드온은 "너는 가서 이 너의 힘으로 이스라엘을 미디안의 손에서 구원하라 내가 너를 보낸 것이 아니냐"라는 비전을 받았을 때 "나와 말씀하신 이가 주 되시는 표징을 내게 보이소서"라며 그 비전이 하나님으로부터 온 것인지 확인하려고 합니다.

기드온이 염소새끼 고기와 무교병과 국을 준비하여 여호와의 사자를 대접하였습니다. 하나님의 사자는 고기와 무교병을 바위 위에 놓고 국을 부으라고 하고, 그의 지팡이를 고기와 무교병에 대니 불이 바위에서 나와 젖은 고기와 무교병을 불살랐습니다(삿 6:19-21).
기드온은 '그가 하나님의 사자인 것'과 '이스라엘을 미디안의 손에서 구원하라'는 비전이 하나님으로부터 온 것으로 확신하게 됩니다.

개인이나 공동체가 매년 또는 중장기적인 비전을 발표하고, 구성원들이 그것의 성취를 위해 함께 노력합니다. 공동체가 추진하는 비전은 사람이 계획하는 목표가 아니라, 하나님이 하게 하시는 일이어야 합니다. 공동체를 이끌어 가는 지도자들이 자기의 욕망을 성취하기 위해 비전이라는 이름으로 만든 욕망이 목표가 되어서는 안 됩니다.

안디옥 교회가 금식할 때 "내가 불러 시키는 일을 위하여 바나바와 사울을 따로 세우라"(행 13:2)라는 음성을 듣습니다. 이방인들에게 복음의 문을 여는 '더 높은 소명', '비전'을 받은 것입니다.

사도 바울은 "너희 안에서 행하시는 이는 하나님이시니 자기의 기쁘신 뜻을 위하여 너희에게 소원을 두고 행하게 하시나니"(빌 2:13)라고 말하였습니다.

우리의 마음에 소원이나 열망이 일어나면 우리는 그것이 하나님으로부터 온 것인지 확인해 보아야 합니다. 나의 욕심을 비전이라고 추진하며 공동체가 곤경에 빠지는 경우도 많습니다.

기드온은 하나님의 사자가 보여주신 증거로 그의 부르심이 하나님으로부터 온 비전인 것을 확인하였습니다.

(2) 비전 실행을 위한 준비

비전은 내가 가진 것, 나의 능력으로는 감당할 수 없는 일입니다. 하나님의 능력으로만 감당되는 일이기 때문에 비전이라고 합니다. 하나님의 부르심이 너무 커서 무슨 일부터 시작해야 할지, 누구에게 말할 수도 없는 상황에 있는 기드온에게 그날 밤 여호와가 말씀하십니다. 위대한 길을 떠나는 준비를 위한 부르심이었습니다.

"그날 밤에 여호와께서 기드온에게 이르시되 네 아버지에게 있는 수소 곧 칠 년 된 둘째 수소를 끌어오고 네 아버지에게 있는 바알의 제단을 헐며 그 곁의 아세라 상을 찍고 또 이 산성 꼭대기에 네 하나님 여호와를 위하여 규례대로 한 제단을 쌓고 그 둘째 수소를 잡아 네가 찍은 아세라 나무로 번제를 드릴지니라 하시니라"(삿 6:25-26).

① 바알의 제단을 헐며 그 곁의 아세라 상을 찍어라.

하나님은 기드온에게 아버지 집에 있는 바알 제단을 헐고 아세라 상을 찍어 버리라고 하십니다. 하나님은 이스라엘 백성을 애굽에서 구하여 가나안으로 보내면서 그들의 신을 경배하지 말고 섬기지 말라고 당부하셨습니다(출 23:24). 그러나 이스라엘 백성들은 하나님을 잊어버리고 그 땅의 신 바알과 아세라를 두려움으로 섬겼습니다.

"내가 또 너희에게 이르기를 나는 너희의 하나님 여호와이니 너희가 거주하는 아모리 사람의 땅의 신들을 두려워하지 말라 하였으나 너희가 내 목소리를 듣지 아니하였느니라 하셨다 하니라"(삿 6:10).

하나님이 부르신 더 높은 소명의 길로 떠나기 전에 기드온은 이스라엘이 두려워하며 섬기는 바알의 제단을 헐고 아세라 상을 찍어내야 했습니다. 기드온의 마음에 도사리고 있던 두려움을 찍어 버려야 했습니다. 하나님이 부르시는 비전 성취의 길로 가기 전에 먼저 두려움을 떨쳐 버려야 합니다.

하나님은 모세의 후계자로 여호수아를 부르시고, 가나안을 정복하는 비전을 주시며 강하고 담대하라고 말씀하셨습니다.

"네 평생에 너를 능히 대적할 자가 없으리니 내가 모세와 함께 있었던 것같이 너와 함께 있을 것임이라 내가 너를 떠나지 아니하며 버리지 아니하리니 강하고 담대하라 너는 내가 그들의 조상에게 맹세하여 그들에게 주리라 한 땅을 이 백성에게 차지하게 하리라"(수 1:5-6).

② 수소를 잡아 번제로 드려라.

미디안 사람들이 이스라엘 사람들의 곡물 수확을 방해하며, 그들이 기르는 동물들을 약탈하는 상황에서 아버지가 소중하게 간직하고 있는 두 마리 소 중에 두 번째 어린 소를 제물로 드리라고 하십니다.

하나님의 비전을 받아 더 높은 소명의 길로 가기 위해 자신이 가장 소중하게 간직한 것들을 내려놓는 결단이 있어야 합니다. 기드온은 집안에서 가장 소중하게 간직하고 있는 소를 잡아 하나님께 번제로 드려야만 했습니다.

기드온과 비슷한 부르심이 엘리사에게도 있었습니다. 엘리야 선지자가 엘리사를 선지자로 세우기 위해 불렀을 때, 엘리사는 밭을 가는 농부가 가장 소중하게 간직해야 할 한 겨릿소를 잡고 소의 기구를 불살라 그 고기를 삶아 백성들에게 주어 먹게 하고 자신은 엘리야를 따랐습니다(왕상 19: 21).

부자 청년이 예수님을 찾아와 자신이 무슨 선한 일을 하여야 영생을 얻겠느냐고 묻습니다. 계명을 지키라 하시니 청년은 그 계명들은 모두 지켰는데 무엇이 부족한가 묻습니다. 이에 예수님은 그에게 "네 소유를 팔아 가난한 자들에게 주라 그리하면 하늘에서 보화가 네게 있으리라 그리고 와서 나를 따르라"(마 19:21) 하셨습니다. 예수님을 찾아왔던 청년 부자 관원은 그가 소중하게 생각하는 재물을 버리지 못해 예수님의 부르심에 따르지 못하였습니다.

그 부자 청년 관원도 예수님의 부르심에 제자들처럼 모든 것을 버리고 따랐더라면 더 높은 소명으로 위대한 삶을 살았을 것이지만 그는 그렇게 성경의 역사에서 사라지고 말았습니다.

③ 영적 승리

기드온은 그 밤에 하나님의 음성을 듣고 즉시로 친구들과 함께 바알의 제단을 헐고 아세라 상을 찍어 그 나무로 소를 잡아 하나님께 제사를 드렸습니다. 다음날 아침, 마을에는 큰 소동이 일어났습니다. 마을 사람들은 요아스의 아들 기드온의 소행인 것이 밝혀지자 그를 죽이겠다고 합니다.

그때 아버지는 아들의 편을 들어줍니다. "너희가 바알을 구할 수 있겠느냐"라고 하면서 "바알이 신이라면 그와 다투는 자는 아침까지 죽임을 당할 것"이라 하였습니다. 마을 사람들은 그 말을 타당하게 생각하고 기드온을 죽이겠다는 소동을 멈추었습니다.

그들은 기드온을 '여룹바알'이라 불렀습니다. "그가 바알의 제단을 파괴하였으므로 바알이 그와 더불어 다툴 것이라"(삿 6:32)는 의미였습니다.

기드온은 바알과 아세라를 찍어내는 두려움을 극복하고 영적 승리자가 되었습니다. 기드온은 바알과 싸워 이김으로 이스라엘의 지도자로 인정되었습니다.

(3) 믿음으로 비전을 잡아라.

비전은 믿음의 눈으로 보는 것입니다. "믿음은 바라는 것들의 실상이요 보이지 않는 것들의 증거"(히 11:1)입니다. 성경에서 믿음의 조상들은 하나님의 부르심을 받고 육신의 눈으로는 볼 수 없는 것을 실제 일어난 일로 보고 비전을 붙잡았습니다.

"믿음으로 아브라함은 부르심을 받았을 때에 순종하여 장래의 유업으로 받을 땅에 나아갈새 갈 바를 알지 못하고 나아갔으며 믿음으로 그가 이방의 땅에 있는 것같이 약속의 땅에 거류하여 동일한 약속을 유업으로 함께 받은 이삭 및 야곱과 더불어 장막에 거하였으니 이는 그가 하나님이 계획하시고 지으실 터가 있는 성을 바랐음이라"(히 11:8-10).

아브라함은 '장래에 유업으로 받을 땅'을 향해 길을 떠났습니다. 한 번도 가보지 못한 길, 어디로 가야 할지 방향도 모르는 길이었지만 가나안 땅을 유업으로 받기 위한 길이었습니다.

처녀 마리아에게 가브리엘 천사가 나타나 "보라 네가 잉태하여 아들을 낳으리니 그 이름을 예수라 하라"(눅 1:31) 하였습니다. 처녀가 아기를 낳는 일은 불가능합니다. 하지만 마리아의 태도는 사가랴 제사장과는 달랐습니다. 그 일이 불가능하다고 부정적으로 단정 짓지 않고 하나님께 자기의 사정을 고백하면 됩니다.

마리아는 천사의 말을 듣고 "나는 남자를 알지 못하니 어찌 이 일이 있으리이까"(눅 1:34)라고 묻습니다. 마리아의 질문에 천사는 "성령이 네게 임하시고 지극히 높으신 이의 능력이 너를 덮으시리니 이러므로 나실 바 거룩한 이는 하나님의 아들이라 일컬어지리라"(눅 1:35)라고 하였습니다.

하나님은 더 높은 소명의 자리로 부른 자들에게 성령을 부어 주시고 하나님의 능력으로 그를 덮어 그 일을 감당하게 하십니다.

마리아가 남자와의 관계를 통해 아이를 낳았다면, 그 아기는 사람의 아들이지 '하나님의 아들'이 될 수 없습니다. 마리아에게 성령을 부어 주시고 하나님의 능력으로 태어난 아들이기에 '하나님의 아들'이 되는 것입니다.

내가 가진 재능과 능력으로 이루어진 일은 비전이 될 수 없습니다. 내가 감당할 수 없는 환경 가운데 하나님의 능력으로 이루어진 일이 비전입니다.

당신이 현재 하고 있는 일을 소중하게 감당하십시오. 직업의 소명이든 사역의 소명이든 어디에서 일하든, 하루하루를 시간과 힘을 모아 성실하게 일하는 것이 소명자의 자세입니다.

그러나 어느 날 내가 도무지 감당할 수 없는 '더 높은 소명'의 자리로 부르실 때, 두려움을 떨쳐 버리고 순종함으로 비전을 받으십시오. 성령이 임하시고 하나님의 능력이 당신을 덮어 모든 비전을 감당하게 될 것입니다.

2.
기드온과 삼백 용사

"그때에 미디안과 아말렉과 동방 사람들이 다 함께 모여 요단 강을 건너와서 이스르엘 골짜기에 진을 친지라 여호와의 영이 기드온에게 임하시니 기드온이 나팔을 불매 아비에셀이 그의 뒤를 따라 부름을 받으니라 기드온이 또 사자들을 온 므낫세에 두루 보내매 그들도 모여서 그를 따르고 또 사자들을 아셀과 스불론과 납달리에 보내매 그 무리도 올라와 그를 영접하더라"

(사사기 6:33-35)

기드온이 아버지 집의 바알 제단을 헐고 아세라 상을 찍어 소를 잡아 제물로 드린 후에 이스라엘 사람들에게 그에 대한 소식이 알려졌습니다. 그는 바알과 싸워 이긴 사람으로 소문이 났고, 백성들은 그를 신임하게 되었습니다. 하나님은 그렇게 기드온의 리더십을 준비하신 것입니다.

이스라엘에게 위기의 시간이 다가왔습니다. 미디안과 아말렉과 동방 사람들이 연합군을 형성하여 이스르엘 골짜기에 진을 쳤습니다. 이때 하나님의 영이 기드온에게 임하였습니다. 기드온은 전쟁에 나가기 위해 나팔을 불어 므낫세 지파를 소집하고 아셀과 스불론과 납달리 군대도 소집하였습니다.

1) 전쟁 준비

기드온은 미디안과의 전쟁을 준비하기 위해 나팔을 불어 이스라엘 백성을 소집하였습니다. 이미 기드온에 대하여 잘 알고 있던 그의 집안과 므낫세가 합류하였고, 주변의 지파들이 동참하였습니다. 기드온은 그 부르심이 하나님의 부르심인지 몇 차례에 걸쳐 더 확인하고 3만 2천 명의 무리 중에서 삼백 명의 용사로 전쟁을 준비하였습니다.

(1) 나팔을 불어 알리다.

기드온은 나팔을 불어 미디안 공격과 그들을 대항하여 출정할 계획을 알렸습니다. 그 나팔 소리에 기드온의 가문 아비에셀이 그의 뒤를 따라 부르심을 받았습니다(삿 6:11).

바알 제단을 헐고 아세라 상을 찍어 소중하게 간직하던 소를 잡아 제사를 드린 기드온을 찾아 죽이겠다던 아비에셀 가문과 므낫세 지파가 먼저 기드온의 부름에 따랐습니다.

하나님의 영에 감동되어 부르심을 받은 사람은 그 비전을 나누어 동역자를 찾아야 합니다. 기드온은 자신의 가문 사람들을 동역자로 비전을 나누었습니다. 동역자를 확장하기 위해 주변에 거주하는 아셀과 스불론과 납달리 지파에게도 이 사실을 알렸습니다.

비전은 비전을 받은 사람의 힘으로는 감당할 수 없는 큰 일입니다. 나의 힘이나 내가 이끌고 있는 공동체의 능력으로 감당할 수 있는 일이라면, 그것은 단순한 목표가 됩니다. 이루고자 하는 목표를 정하고 실행 계획을 잘 세워서 내가 갖고 있는 인력과 물질의 힘으로 진행하면 됩니다. 그러나 비전은 나의 힘 또는 공동체의 능력으로는 감당할 수 없는 일이기에 동역자가 필요합니다.

비전은 나누어야 합니다. 기드온은 조용히 자신의 가문에 비전을 나누고 조금 더 확장하여 주변 족속에게 알렸습니다. 조용히 알리려다 보니 에브라임 사람들에게는 알리지 못해 전쟁에 승리하고 나서 에브라임의 원망을 듣습니다(삿 8:1).
이스라엘이 회중을 모을 때는 나팔을 사용하였는데, "나팔을 불 것이나 소리를 크게 내지 말며"(민 10:7)라고 하였습니다.
비전은 어떤 사람에게는 황당한 소리로 들릴 것입니다. 당장 거부감을 나타내는 사람도 있을 것이고, 반대에 부딪히게 됩니다. 사탄의 이름은 '대적하는 자'입니다. 하나님의 뜻이 세상에 이루어지는 것을 대적합니다. 원수 마귀는 가라지를 뿌려 하나님의 일을 방해합니다. 밖으로 크게 외치다 보면 사탄의 큰 방해를 받을 수 있습니다. 비전을 받으면 누구에게 말하는 것이 조심스러운 이유입니다.

느헤미야는 예루살렘 성이 무너진 것을 안타까워하며 금식으로 기도하였습니다. 왕의 임명으로 예루살렘의 총독이 되어 돌아왔습니다. 그는 예루살렘 성벽을 재건하는 비전을 갖고 왔지만 아무에게도 말하지 않고 마음에 간직하고 있었습니다.

느헤미야는 "내 하나님께서 예루살렘을 위해 무엇을 할 것인지 내 마음에 주신 것을 내가 아무에게도 말하지 아니하고 밤에 일어나 몇몇 사람과 함께 나갈새 내가 탄 짐승 외에는 다른 짐승이 없더라"(느 2:12)라고 하였습니다.

현장을 돌아보고 난 후에 구체적인 계획을 세운 뒤 예루살렘 거주민들에게 비전을 말하고 동의를 얻음으로 산발랏과 같은 방해자들에게 사전에 노출되지 않고, 예루살렘 거주민들이 힘을 합해 밤낮없이 52일 만에 성벽의 재건을 마쳤습니다.

느헤미야가 산발랏과 도비야의 끈질긴 방해를 받았던 것처럼 비전을 행하는 데는 반드시 많은 어려움이 따르게 됩니다. 그래서 이스라엘이 사람을 모을 때 나팔 소리를 크게 내지 않았던 것처럼 비전을 제시할 때는 사람의 선별과 주의가 요청됩니다.

(2) 부르심의 재확인

기드온의 비전을 듣고 므낫세와 아셀과 스불론과 납달리에서 3만 2천 명이나 되는 많은 사람들이 모여왔습니다.

기드온은 이제 돌이킬 수 없는 길을 떠난 것입니다. 그도 스스로 두려웠을 것입니다. 기드온은 이미 하나님의 부르심을 여러 차례 경험하였습니다.

하나님의 사자에게 고기와 무교병과 국을 대접하였을 때 바위에서 불이 나와 사르던 증거로 확인하였습니다. 바알의 제단을 헐고 아세라 상을 찍었는데 죽지 않고 오히려 아버지와 가문의 지지를 받으며 기드온을 하나님이 세우신 것이 주변에 알려지게 되었습니다.

그러나 이번에는 다릅니다. 기드온의 나팔 소리에 므낫세뿐 아니라 주변의 많은 무리들이 몰려왔습니다. 3만 2천 명이나 모여왔습니다. 이제는 돌이킬 수 없는 지경에 이르렀습니다.

기드온은 다시 하나님이 부르신 일인지를 확인합니다. 양털 한 뭉치를 타작 마당에 두고 밤을 지낸 뒤 아침에 양털에만 이슬이 있고 주변 땅은 마르면 하나님이 보내심의 증거로 삼겠다는 것이었습니다. 그다음 날은 양털만 마르고 주변 땅이 이슬에 젖는 현상으로 확인해 달라고 하였습니다. 기드온은 두 가지 요구가 그대로 이루어진 것을 보고 하나님의 부르심인 것을 확인할 수 있었습니다.

하나님은 3만 2천 명의 군사 모두를 필요로 하지 않았습니다. 두려움에 떠는 자들을 걸러내고 나머지 1만 명을 시냇가로 보내 물을 마시게 하고, 그중에서 삼백 명만을 선택하셨습니다.

여전히 기드온의 마음에는 두려움과 떨쳐버릴 수 없는 의심이 있었을 것입니다. 하나님은 "만일 네가 내려가기를 두려워하거든 네 부하 부라와 함께 그 진영으로 내려가서 그들이 하는 말을 들으라"(삿 7:10-11)라고 하셨습니다.

미디안과 아말렉과 동방의 사람들이 "메뚜기의 많은 수와 같고 그들의 낙타의 수가 많아 해변의 모래가 많음 같은"(삿 7:12) 진지로 내려갔습니다.

미디안 군사들이 꿈 이야기를 하고 있었습니다. '보리떡 한 덩어리가 진영으로 굴러 들어와 장막을 쳐서 무너뜨리는 꿈'이었습니다. 그의 친구가 말을 이어갑니다.

"그것은 이스라엘 사람 기드온의 칼이라. 하나님이 미디안과 그 모든 진영을 그의 손에 넘겨 주셨다"라는 꿈 해몽이었습니다.

기드온은 그들의 대화를 듣고 그의 마음에 있던 의심과 두려움이 완전히 사라졌습니다.

비전을 받고 주저하는 사람들에게 하나님은 여러 가지 현상으로 확신을 주십니다. 하나님의 음성을 듣기 위해 '영의 귀와 눈'을 열어 듣고 보게 하시는 음성과 현상들을 통해 확인할 수 있습니다. 이런 긴 시간을 통해 확인합니다.

의심과 두려움은 비전 성취에 가장 큰 장애물이 됩니다. 이 장애물은 하나님의 부르심을 확인함으로써 깨끗하게 정리할 수 있는 것입니다.

(3) 팀 빌딩

사람들에게 비전을 나누면 여러 가지로 반응합니다. 전혀 들으려고 하지 않는 사람이 있고, 부정적으로 악평하는 사람도 있습니다.

모세는 하나님이 약속하신 젖과 꿀이 흐르는 가나안 땅을 정복하기 위해 열두 명의 정탐꾼을 보냈습니다. 그중에 열 명의 정탐꾼은 하나님이 약속하신 땅을 악평하여 이스라엘 사람들을 선동하여 두려움에 싸이게 하였습니다. 하나님의 공동체나 어떤 단체가 비전을 실행하려고 할 때 겪을 수 있는 일입니다. 열두 명 중에 열 명이 반대하고 두 명만이 그 비전을 바로 볼 수 있었던 것처럼 비전을 부정적으로 생각하는 다수 사람들의 반대에 부딪히게 됩니다.

하나님은 삼백 명의 군사로 하나님의 비전을 실현하게 하셨습니다. 3만 2천 명의 군사가 미디안을 물리쳤다면 자기들의 승리에 도취되어 하나님께 영광을 돌리지 않았을 것입니다.

하나님의 비전을 성취하기 위해서는 그 비전이 하나님으로부터 온 것임을 볼 수 있는 눈을 가진 믿음의 사람들이 동역자로 세워져야 합니다.

기드온의 삼백 용사는 항아리와 횃불을 들고 나팔을 불며 미디안 적진을 향해 달려갈 수 있는 믿음의 사람들이었습니다.

불굴의 의지를 상징하는 스파르타의 삼백 용사가 있습니다. 기원전 480년 백만 대군의 페르시아가 그리스를 공격합니다. 그리스는 페르시아 육군의 진격을 방어하기 위해 테르모필레 고개에 저지선을 마련하였습니다. 스파르타 왕 레오니다스가 7천 명의 그리스 연합군으로 백만 대군을 대상으로 사흘간 방어하였지만 변절자의 배신으로 우회로를 돌파당했습니다. 그리스군이 완전히 포위되어 대부분이 퇴각했으나 레오니다스와 삼백 명의 스파르타 정예병이 바다에서의 승리를 확인할 때까지 일주일간 적을 막아내고 장렬하게 희생했습니다.

하나님의 비전 성취는 믿음의 용사들이 결집되어 소수일지라도 놀라운 큰 일을 해낼 수 있는 것입니다. 비전을 성취하기 위해서는 그 비전을 분명히 알고 함께 행할 수 있는 동역자들의 도움이 있어야 합니다. 사도 바울은 이방에 복음을 전하기 위해 여러 동역자들과 함께하였습니다.

인위적인 조직이 아닌 하나님의 섭리로 팀이 이루어져야 합니다.

세상에는 그럴듯한 명분으로 만들어진 많은 조직들이 있습니다. 진정으로 하나님의 비전을 위해 하나가 되는 팀을 통해 하나님이 역사하십니다.

2) 하나님의 전략

비전을 받으면 나의 방법으로 섣불리 나서지 않고, 하나님의 전략을 따라야 합니다. 사람이 모여 의논하고 성급하게 결정하는 것이 아니라 모든 팀원이 함께 기도하며 성령의 감동으로 주시는 전략을 따르는 것입니다.

하나님은 삼백 명의 군사들의 손에 나팔과 빈 항아리와 횃불을 무기로 들고 나가게 하셨습니다.

> "삼백 명을 세 대로 나누어 각 손에 나팔과 빈 항아리를 들리고 항아리 안에는 횃불을 감추게 하고 그들에게 이르되 너희는 나만 보고 내가 하는 대로 하되 내가 그 진영 근처에 이르러서 내가 하는 대로 너희도 그리하여 나와 나를 따르는 자가 다 나팔을 불거든 너희도 모든 진영 주위에서 나팔을 불며 이르기를 여호와를 위하라, 기드온을 위하라 하라 하니라"(삿 7:16-18).

도무지 이해할 수 없는 전략입니다. 그러나 기드온과 삼백 용사는 하나님의 전략을 믿고 따랐습니다.

성경에는 이해할 수 없는 하나님의 전략이 있습니다. 여호수아가 여리고 성을 함락할 때에도 이스라엘 백성들과 제사장 일곱이 양각 나팔을 불며 언약궤를 앞세워 엿새 동안 돌고, 일곱째 날에는 일곱 번을 도는 것이 전략이었습니다(수 6:3-5).

여호사밧 왕 때에 모압 자손과 암몬 자손들이 마온 사람들과 연합하여 여호사밧을 치기 위해 올라왔습니다. 여호사밧은 두려움에 떨며 유대 사람들을 소집하여 성전 뜰에 모여 금식하며 하나님께 기도하였습니다. 그때 하나님의 영이 레위 사람 야하시엘에게 임하여 말씀하셨습니다.

> "온 유다와 예루살렘 주민과 여호사밧 왕이여 들을지어다 여호와께서 이같이 너희에게 말씀하시기를 너희는 이 큰 무리로 말미암아 두려워하거나 놀라지 말라 이 전쟁은 너희에게 속한 것이 아니요 하나님께 속한 것이니라"(대하 20:15).

그들은 찬양대를 만들어 군대 앞에 행진하며 "여호와께 감사하세 그의 인자하심이 영원하도다"라고 찬양하였습니다. 이 찬송이 시작되자 여호와께서 복병을 두어 암몬 자손과 모압과 세일 주민들이 서로 치게 하심으로 진멸되게 하신 것입니다(대하 20:21-23).

기드온은 횃불, 항아리, 나팔을 전쟁 무기로 사용하여, 한밤중에 항아리를 깨뜨리고 횃불을 밝히며 나팔을 부는 전략으로 미디안 군대를 대혼란에 빠뜨려 서로 죽이며 도망하게 하였습니다.

하나님은 말과 창과 병거로 무장한 미디안을 대적하여 나가는 기드온과 삼백 용사에게 창칼이 아닌 항아리와 횃불과 나팔을 무기로 들게 하셨습니다.

하나님이 주신 비전을 성취하기 위해서 갖추어야 하는 무기는 항아리와 횃불과 나팔입니다.

(1) 항아리를 깨뜨리라.

'더 높은 소명'을 성취하기 위해서는 희생과 헌신을 요구받게 됩니다. 희생정신이 없는 사람은 비전을 성취할 수 없습니다. 하나님의 비전에 참여하는 것은 자기를 부인하고 십자가를 지는 것이기 때문입니다.

예수님께서 제자들에게 "누구든지 나를 따라오려거든 자기를 부인하고 자기 십자가를 지고 나를 따를 것이니라"(마 16:24)라고 하셨습니다.

과거에 세상에서 성취했던 모든 것, 또는 앞으로 가질 수 있는 재산이나 명예나 권력이나 그 모든 것을 부인하고 전적으로 헌신하는 삶을 택하는 것입니다.

자기 몸을 깨뜨리는 헌신이 있어야 합니다. 희생과 헌신이 없는 열매는 없습니다. 자신의 시간과 재능, 물질, 마음을 다하여 비전의 성취를 위해 헌신하는 삶을 살 때 열매를 맺습니다.

"맡은 자들에게 구할 것은 충성이니라"(고전 4:2)라고 한 사도 바울은 "너희 몸을 하나님이 기뻐하시는 거룩한 산 제물로 드리라 이는 너희가 드릴 영적 예배니라"(롬 12:1)라고 하였습니다.

성경은 "무슨 일을 하든지 마음을 다하여 주께 하듯 하고"(골 3:23)라고 가르칩니다. 우리의 가는 길에 언제 어디서나 하나님 앞에 서 있다는 마음으로, 맡겨진 일을 성실하게 감당하라는 의미입니다. 단순한 봉사나 의무를 넘어서 사랑과 겸손, 희생이 바탕이 된 최선의 삶의 태도입니다. 예수님께서는 "인자가 온 것은 섬김을 받으려 함이 아니라 도리어 섬기려 하고 자기 목숨을 많은 사람의 대속물로 주려 함이니라"(막 10:45)라고 하셨습니다.

배와 그물을 버리고 부모형제를 떠나 예수님을 따르며 희생적인 삶을 살았던 베드로가 "우리가 모든 것을 버리고 주를 따랐사온대 그런즉 우리가 무엇을 얻으리이까"(마 19:27)라고 묻습니다.

더 높은 소명, 비전을 위해 헌신의 삶을 살아가는 사명자들의 질문입니다. 예수님은 그들의 질문에 "내 이름을 위하여 집이나 형제나 자매나 부모나 자식이나 전토를 버린 자마다 여러 배를 받고 또 영생을 상속하리라"(마 19:29)라고 대답하셨습니다.

위대한 비전 수행의 길은 고난의 길이지만 그 길 끝에는 하나님의 상급이 있다는 것을 기억해야 합니다.

"믿음으로 모세는 장성하여 바로의 공주의 아들이라 칭함 받기를 거절하고 도리어 하나님의 백성과 함께 고난받기를 잠시 죄악의 낙을 누리는 것보다 더 좋아하고 그리스도를 위하여 받는 수모를 애굽의 모든 보화보다 더 큰 재물로 여겼으니 이는 상 주심을 바라봄이라"(히 11:24-26).

(2) 횃불을 들라.

"너희는 세상의 빛이라 산 위에 있는 동네가 숨겨지지 못할 것이요 사람이 등불을 켜서 말 아래에 두지 아니하고 등경 위에 두나니 이러므로 집 안 모든 사람에게 비치느니라 이같이 너희 빛이 사람 앞에 비치게 하여 그들로 너희 착한 행실을 보고 하늘에 계신 너희 아버지께 영광을 돌리게 하라"(마 5:14-16).

예수님은 그리스도인들에게 세상의 빛이 되라고 하셨습니다. 그리스도인의 착한 행실이 우리 손에 들려져야 할 횃불입니다. 착한 행실은 사람들에게 하나님의 영광을 드러내는 수단입니다.

사도 바울은 "너희가 이방인 중에서 행실을 선하게 가져 너희를 악행한다고 비방하는 자들로 하여금 너희 선한 일을 보고 오시는 날에 하나님께 영광을 돌리게 하려 함이라"(벧전 2:12)라고 하였습니다.

예수님의 제자로 사는 그리스도인의 빛은 이 세상에 죽음과 절망, 영적 어둠 가운데 있는 사람들에게 비춰는 빛입니다.

> "스불론 땅과 납달리 땅과 요단강 저편 해변 길과 이방의 갈릴리여 흑암에 앉은 백성이 큰 빛을 보았고 사망의 땅과 그늘에 앉은 자들에게 빛이 비치었도다 하였느니라"(마 4:15-16).

죄로 인해 죽음이 지배하는 삶, 하나님의 말씀에서 멀어진 어둠 속에 살아가는 삶, 희망 없이 방황하는 삶을 살아가는 사람들에게 일어나 빛을 발해야 합니다.

횃불은 열정을 의미합니다. '더 높은 소명'으로 부르심을 받은 자들이 가져야 할 무기는 열정입니다. 하나님이 주신 비전이 마음에 불같이 타오르는 열정을 가진 자가 되어야 합니다. 열정이 없는 사명자는 뜻을 이룰 수 없습니다.

예레미야 선지자는 하나님의 말씀을 전하는 선지자로 부름 받아 온갖 모욕과 고난을 겪었습니다. 그럼에도 그의 마음은 말씀을 전해야 한다는 열정으로 불탔습니다.

"내가 다시는 여호와를 선포하지 아니하며 그의 이름으로 말하지 아니하리라 하면 나의 마음이 불붙는 것 같아서 골수에 사무치니 답답하여 견딜 수 없나이다"(렘 20:9).

엘리야 선지자는 열정의 사람이었습니다. 그는 갈멜산에서 바알과 아세라 선지자들과 대결하여 그들을 모두 죽이고 이세벨의 위협을 피하여 호렙산 동굴로 피신하였습니다.

그 동굴에 나타나신 하나님이 "엘리야야 네가 어찌하여 여기 있느냐"라고 물으십니다. 그때 엘리야는 대답하기를, "내가 만군의 하나님 여호와께 열심이 유별하오니…그들이 내 생명을 찾아 빼앗으려 하나이다"라고 합니다(왕상 19:9-10).

엘리야 선지자는 하나님 앞에 그의 열심이 유별했다고 고백합니다. 하나님의 비전은 열정의 사람들이 감당합니다.

(3) 나팔을 불라.

기드온은 미디안 공격의 무기로 나팔을 선택하였습니다. 이스라엘 사람들은 백성을 소집할 때는 나팔을 작게 불었지만, 대적을 치러 갈 때는 나팔을 크게 불었습니다. 하나님이 그들을 기억하시고 대적의 손에서 구원하실 것을 기대하였기 때문입니다(민 10:9).

나팔은 전쟁을 준비하며 하나님의 도우심을 요청하는 기도입니다. 하나님의 부르심을 성취하기 위해서는 하나님의 도우심이 있어야 합니다.

기도는 아무리 강조하여도 지나치지 않습니다. 기도의 힘은 성경 전반에서 하나님과의 교제, 하나님의 능력, 삶을 변화시키는 하나님의 역사로 강조됩니다. 기도는 단순한 말이 아니라, 믿음으로 얻는 강력한 영적 무기이며, 하나님의 뜻을 이 땅에 이루는 통로입니다.

야고보 사도는 "의인의 간구는 역사하는 힘이 큼이니라"(약 5:16)라고 하였고, 하나님은 "너는 내게 부르짖으라 내가 네게 응답하겠고 네가 알지 못하는 크고 은밀한 일을 네게 보이리라"(렘 33:3)라고 약속하셨습니다.

하나님의 살아 계심을 믿는 사람들은 기도의 힘을 믿습니다. 하나님이 하게 하시는 일은 믿음으로 이루는 역사입니다. 믿음의 역사란 믿음이 실제로 삶 속에서 드러나며 일하는 것, 믿음이 행동으로 표현되어 하나님이 역사하시는 결과입니다.

사도 바울은 "아무것도 염려하지 말고 다만 모든 일에 기도와 간구로, 너희 구할 것을 감사함으로 하나님께 아뢰라 그리하면 모든 지각에 뛰어난 하나님의 평강이 그리스도 예수 안에서 너희 마음과 생각을 지키시리라"(빌 4:6-7)라고 하였습니다.

예수님도 "무엇이든지 기도하고 구하는 것은 받은 줄로 믿으라 그리하면 너희에게 그대로 되리라"(막 11:24)라고 하셨습니다.

성경에서 위대한 사람들은 기도의 사람들이었습니다.

엘리야 선지자는 기도로 3년 6개월 동안 비가 내리지 않게 하였고, 다시 기도하여 비가 내리게 하였습니다(왕상 17-18장).

다니엘은 생명을 위협하는 환경에서도 하루 세 번 기도하기를 멈추지 않았고, 사자 굴에서도 구원함을 받았습니다(단 6장).

기도는 하나님과의 교제와 관계를 회복합니다. 기도는 능력과 변화의 원천이며, 불안과 두려움을 평안과 확신으로 변화시킵니다. 기도는 가장 강력한 무기입니다.

3. 스스로 개척하라!

"요셉 자손이 여호수아에게 말하여 이르되 여호와께서 지금까지 내게 복을 주시므로 내가 큰 민족이 되었거늘 당신이 나의 기업을 위하여 한 제비, 한 분깃으로만 내게 주심은 어찌함이니이까 하니 여호수아가 그들에게 이르되 네가 큰 민족이 되므로 에브라임 산지가 네게 너무 좁을진대 브리스 족속과 르바임 족속의 땅 삼림에 올라가서 스스로 개척하라 하니라 요셉 자손이 이르되 그 산지는 우리에게 넉넉하지도 못하고 골짜기 땅에 거주하는 모든 가나안 족속에게는 벧 스안과 그 마을들에 거주하는 자이든지 이스르엘 골짜기에 거주하는 자이든지 다 철 병거가 있나이다 하니 여호수아가 다시 요셉의 족속 곧 에브라임과 므낫세에게 말하여 이르되 너는 큰 민족이요 큰 권능이 있은즉 한 분깃만 가질 것이 아니라 그 산지도 네 것이 되리니 비록 삼림이라도 네가 개척하라 그 끝까지 네 것이 되리라 가나안 족속이 비록 철 병거를 가졌고 강할지라도 네가 능히 그를 쫓아내리라 하였더라"(여호수아 17:14-18)

여호수아의 통솔 아래 이스라엘 백성이 하나님이 약속하신 땅, 가나안을 점령하며 토지 분배가 이루어집니다. 여호수아서 13장부터 21장까지 토지분배에 관한 내용입니다. 여호수아는 제사장 엘르아살과 각 지파의 족장들과 함께 하나님께서 모세에게 지시하신 말씀에 따라 토지를 분배하였습니다. 그런데 요셉 자손이 분깃이 적다고 불평합니다.

요셉 지파의 불평에 대하여 여호수아는 "너희가 많고 강하니, 스스로 개척하라"라고 말합니다. 하나님의 약속이 이미 주어졌지만 그것을 소유하려면 믿음의 행동이 필요합니다. 믿음은 약속을 받는 것만이 아니라, 순종으로 실현해 가는 것입니다.

현실은 장애물로 가득해도 믿음은 길을 개척하는 힘입니다. '가나안 사람이 철 병거를 가졌고 강하다'(수 17:16)고 하지만 그 장애물을 넘는 것이 개척의 길입니다. 두려움, 자원 부족, 저항 등에 굴복하는 것이 아니라, 승리하는 길로의 부르심입니다. 개척자의 삶은 안락함을 버리고, 믿음으로 도전하고 전진하는 삶입니다.

개척은 순종하는 자에게 주시는 하나님의 선물입니다.
"그 산지도 네 것이 되리니 능히 그를 쫓아내리라"라는 여호수아의 말과 같이 하나님은 순종하는 자를 통해 새로운 역사를 쓰십니다. 개척은 인간의 힘만으로가 아니라 하나님의 약속과 동행 안에서 이루어지는 것입니다. 스스로 개척하라는 것은 하나님과 함께 믿음으로 나아가라는 부르심입니다.

이스라엘의 후츠파(Chutzpah) 정신은 이스라엘 사회와 유대인 문화에서 자주 언급되는 중요한 개념입니다. 단순한 뻔뻔함을 넘어 형식 타파(Informality), 질문의 권리(Questioning Authority), 섞임, 어울림(Mash-up), 위험 감수(Risk Taking), 목표 지향(Mission Oriented), 끈질김(Tenacity), 끈기와 추진력, 실패학습(Learning from failure) 정신을 말합니다. 이스라엘군(IDF)에서는 상관에게도 건설적 질문과 제안을 하는 문화가 장려되어 계급보다 문제 해결과 효율을 중시합니다.

이스라엘은 '창업국가'(Startup Nation)라 불리며, 세계적인 혁신과 벤처 창업 강국으로 불립니다. 실패를 두려워하지 않는 후츠파 정신이 핵심입니다. 1948년 독립 이후 수많은 전쟁과 외교적 고립 속에서도 살아남고 성장한 이스라엘의 정신적 기초로 평가됩니다. 후츠파 정신은 단지 사회적 특징이 아니라 생존, 혁신, 담대함을 함께 지닌 이스라엘적 정체성입니다.

이스라엘 선조들은 개척자들이었습니다. 아브라함은 고향과 친척과 아버지의 집을 떠나라는 하나님의 음성을 따라 안정에서 떠나 불확실한 믿음의 길로 나아간 순종의 개척자였습니다. 아브라함은 "내가 너로 큰 민족을 이루고 네게 복을 주어 네 이름을 창대하게 하리니 너는 복이 될지라"(창 12:2)라는 말씀과 같이 개척자의 복을 얻었습니다. 아브라함의 아들 이삭도, 이삭의 아들 야곱도 모두 개척자였습니다.

개척정신이란 미지의 영역에 도전하고 새로운 길을 열며 현실의 어려움을 뚫고 나아가는 용기와 믿음의 자세를 말합니다. 단순한 시작이 아니라 비전, 용기, 인내, 창조성, 책임감, 끈기, 믿음이 담긴 전인적 태도입니다.

1) 환경을 다스리라

하나님은 아담에게 복을 주셨습니다. "생육하고 번성하여 땅에 충만하고 정복하라"는 복이었습니다. 그리고 "바다의 물고기와 하늘의 새와 땅에 움직이는 모든 생물을 다스리라" 사명을 주셨습니다.

사람은 환경을 다스리는 존재로 출생하였습니다. 위대한 개척의 길에는 많은 장애물과 방해와 위험이 있습니다. 자원의 부족과 강력한 저항에 부딪히게도 됩니다. 개척자는 이런 환경을 다스릴 수 있어야 합니다.

(1) 환경을 극복하라.

세상의 위대한 일들 가운데 어려움 없이 평탄하게 이루어진 일들은 별로 없습니다. 수많은 방해와 극한의 상황을 이긴 결과로 이루어지곤 합니다.

몽골제국의 창시자이며 위대한 정복자로 알려진 칭기즈칸(테무친: 1162-1227)은 중국 북부의 금나라, 중앙아시아 호라즘 제국, 페르시아, 러시아 남부까지 정복하며 세계에서 가장 넓은 제국을 구축했던 통치자였습니다. 칭기즈칸은 이런 말을 남겼다고 합니다.

집안이 나쁘다고 탓하지 마라. 나는 아홉 살 때 아버지를 잃고 마을에서 쫓겨났다.
가난하다고 말하지 말라. 나는 들쥐를 잡아먹으며 연명했고, 목숨을 건 전쟁이 내 직업이고 내 일이었다.
작은 나라에서 태어났다고 말하지 말라. 그림자 말고는 친구도 없고 병사로만 십만, 백성은 어린애 노인까지 합쳐 이백 만도 되지 않았다.
배운 게 없다고, 힘이 없다고 탓하지 말라. 나는 내 이름도 쓸 줄 몰랐으나 남의 말에 귀를 기울이면서 현명해지는 법을 배웠다.
너무 막막하다고, 그래서 포기해야겠다고 말하지 말라. 나는 목에 형틀을 쓰고도 탈출했고, 뺨에 화살을 맞고 죽었다가 살아나기도 했다.
적은 밖에 있는 것이 아니라 내 안에 있다. 나는 내게 거추장스러운 것은 모두 쓸어버렸다. 나를 극복하는 순간 나는 칭기즈칸이 되었다.

성경에는 극한 환경을 이겨낸 사람들이 많이 나타납니다. 그들은 믿음과 인내로 절망적인 상황을 극복하여 오늘날 우리에게도 큰 용기를 줍니다.

요셉은 형들의 미움을 받아 애굽에 노예로 팔려갔습니다. 보디발 장군 아내의 모함으로 성추행범이라는 억울한 누명을 쓰고 감옥에 수감되었지만, 하나님을 신뢰하고 성실하게 그 환경을 극복하고 총리의 자리에 오르게 되었습니다(창 37-50장).

욥기는 극한 환경을 이겨낸 대표적인 인물 욥에 대한 이야기입니다. 그는 하나님으로부터 큰 복을 받아 동방에서 가장 큰 부자로 복된 삶을 살았습니다. 그러나 어느 날 갑자기 전 재산을 잃고 자녀들까지 모두 잃었습니다. 그뿐 아니라 자신의 몸에 생긴 상처로 깊은 고통으로 살게 되었습니다. 그는 그런 극한 상황에서도 하나님을 원망하지 않고 신앙을 지킴으로 하나님의 회복하시는 은총을 얻은 사람입니다.

(2) 네 자리를 들고 걸어가라.

베데스다 연못가에 앉아 있던 38년 된 병자를 향해 예수님은 "일어나 네 자리를 들고 걸어가라" 하셨습니다.
우리 삶에 변화를 요구하는 명령입니다. 단순히 치유되는 것이 아니라 일어나고, 자리를 들고, 걸어가는 삶으로 나아가야 합니다.

일어나라는 것은 여러 가지 환경을 원망하며 무기력함에 빠져 있는 자리에서 깨어나라는 초대입니다. 38년간 병에 눌려 아무것도 할 수 없었던 사람처럼 죄, 낙심, 상처, 무력감에 눌려 있지 말고 절망을 깨뜨리고 일어나 새 삶을 준비하라는 말입니다. 그동안 깔고 앉아 있었던 자리와 같이 과거의 상처, 실패, 무기력함을 그대로 떨치고 일어나 걸어가는 것입니다.

여기서 우리는 일어나 자리를 들고 걸어가는 회복과 변화의 세 단계를 볼 수 있습니다.

어느 날 제가 사역에 지치고 힘들 때 우간다에 설립한 고아원에서 성장한 청년으로부터 왓샵(WhatsApp) 메시지를 받았습니다. 여기서 역경을 딛고 일어난 그 아프리카 청년의 고백을 나누기를 원합니다. 병든 자리에서 일어나 걸어가는 모습이기 때문입니다.

"내 인생 이야기, 한 번도 누구에게도 말하지 않았습니다. 엄마가 말했거든요. '때가 될 때까지 간직해라, 네가 옳다고 느낄 때까지 마음에 담아 두어라'라고요."

"르완다 전쟁 중 남편을 잃은 한 여인이 르완다 대학살이 끝난 지 2년 후인 1996년 한 군인으로부터 성폭행을 당했습니다. 그녀는 수치심과 두려움에 사로잡혀 고통을 마음속에만 간직했습니다. 그러던 중 자신이 임신한 사실을 알게 되었고, 그날은 동시에 HIV에 감염된 날이기도 했습니다. 의사들은 아기에게도 바이러스가 있을 것이라고 말했습니다. 그러나 그다음에 일어난 일은 기적이었습니다.

그녀는 임신을 끝내려고 했지만 아기는 떠나지 않았습니다. 임신 7개월째 되던 날, 양수가 터졌고, 그녀는 공포에 질린 채 가까운 마을 산파의 오두막으로 비틀거리며 갔습니다. 약도, 도구도 없는 상태에서 조용하고 파랗게 질린 남자아이가 태어났습니다. 산파는 한숨을 쉬며 장례용 천을 꺼내려다 멈췄습니다. 아기는 울지도 않고 숨도 쉬지 않았지만 그의 작은 발가락이 한 번 움직였습니다. 생명은 포기하지 않았습니다. 노파는 오직 하나님만이 지을 수 있는 이름을 주었습니다. '므부예쿠레'(Mvuyekure), '너는 아주 먼 곳에서 왔다.'

그 아기의 아버지였던 군인은 곧 사망했습니다. 너무 가난해서 아이를 키울 수 없었던 어머니는 아이가 곧 죽을 것이라 믿으며 아이를 할머니에게 맡기고 떠났습니다. 그러나 3년 후, 그녀는 기적을 보았습니다. 건강하고 웃음 가득한 소년이 있었습니다. 열 살이 되었을 때 검사 결과가 나왔습니다. 불가능하다고 여겨졌지만 그는 HIV 음성이었습니다. 그의 새로운 이름은 '이라두쿤다'(Iradukunda), '하나님은 우리를 사랑하신다' - 그의 삶을 정의하는 이름이 되었습니다.

그 아이가 바로 저, ○○○입니다.

저는 기콘도의 크리스천 라이프 유치원에서 학교생활을 시작했고, 이후 카구구 초등학교로 진학했습니다. 거기서도 하나님은 도우미를 보내주셨습니다. 초등학교 3학년까지 저를 도와주신 교장 선생님이 계셨습니다. 그리고 나서 제 인생의 가장 큰 기적이 다가왔습니다. 월드미션 프론티어. 르완다에서 어머니를 알던 알렉스를 통해 저는 한 고아원으로 가게 되었습니다. 저는 그저 또 다른 고아원일 거라고 생각했지만, 제가 맞이한 것은 대륙을 바꿀 하나님의 운동이었습니다.

월드미션 프론티어는 단지 피난처가 아닙니다. 하나님의 손이 학교를 새롭게 세우는 곳입니다. 과거의 저 같은 아이들을 위한 초등학교, 목회자를 양성하는 신학교, 그리고 대학까지. 전쟁으로 파괴된 지역에 교회가 세워지고, 우간다, 콩고, 탄자니아, 부룬디, 르완다 곳곳에서 목회자들이 훈련을 받고 있습니다. 이것은 온 세대가 다시 사랑받으며 회복되는 이야기입니다.

김바울 아버지(Papa Paul Kim)는 단지 저를 구해주신 분이 아닙니다. 그는 저에게 구속이란 한 순간이 아니라 계속 확장되는 힘이라는 것을 가르쳐 주셨습니다. 지금 이 순간, 제가 이 자리에 서 있다는 것은 기적입니다. 태어나서는 안 되었던 아이가 이

젠 사명을 위해 모든 것을 바치려 합니다. 우리가 세워야 할 신학교들? 우리가 세우겠습니다. 훈련받아야 할 목회자들? 우리가 준비시키겠습니다. 아직도 기다리는 고아들? 우리가 찾아내겠습니다.

저는 여기에 있어서는 안 되는 존재였습니다. 폭력 속에서 태어나고, 의료도 희망도 없이 - 통계상 저는 출생 직후 죽었어야 했습니다. 하지만 하나님은 통계를 따르지 않으십니다. 제 삶은 증거입니다 - 어둠 속 오두막에서 시작된 생명의 미약한 흔들림이, 아프리카 전역을 바꾸는 거대한 물결이 될 수 있다는 것을….

이것이 우리가 월드미션 프론티어를 위해 싸우는 이유입니다.
세상이 불가능한 상황을 볼 때, 우리는 미래의 신학교 졸업생을 봅니다. 다른 이들이 가난을 볼 때, 우리는 우리가 세울 학교를 봅니다. 역사가 국경만을 볼 때, 우리는 하나님께서 만드시는 가족을 봅니다 - 한 명의 구원받은 아이, 한 명의 훈련된 목회자, 한 장의 소망의 벽돌이 모여서….
저는 매주 르완다에서 아버지의 비전을 듣고 기록합니다. 그리고 그 말씀은 저를 절대 가만히 쉬게 두지 않습니다."

이 청년은 하나님의 말씀을 배우고 자라며 자기의 상처를 딛고 일어나 위대한 길을 가고 있는 것입니다.

(3) 가진 것으로 최선을 다하라.

성경에는 달란트 비유가 있습니다. 어떤 사람이 타국에 출장을 가면서 그의 종들을 불러 한 사람에게는 금 다섯 달란트, 다른 사람에게는 두 달란트, 또 다른 사람에게 한 달란트를 맡기고 떠났습니다.

다섯 달란트 받은 사람과 두 달란트를 받은 사람은 바로 가서 장사를 하여 다섯 달란트와 두 달란트의 이익을 남겼습니다. 그러나 한 달란트 받은 사람은 땅을 파고 그 주인의 돈을 묻어 두었습니다.

주인이 돌아왔을 때 다섯 달란트를 남긴 종과 두 달란트를 남긴 종에게 똑같이 "잘하였도다 착하고 충성된 종아 네가 적은 일에 충성하였으매 내가 많은 것을 네게 맡기리니 네 주인의 즐거움에 참여할지어다"(마 25:21, 23)라고 칭찬하였습니다.

그러나 한 달란트를 땅에 묻어 두었던 종에게는 "악하고 게으른 종"이라고 책망하며 그 한 달란트를 빼앗아 열 달란트 가진 자에게 주게 하였습니다.

개척자의 삶은 하나님이 자신에게 주신 달란트를 갖고 최선의 삶을 사는 것입니다. 자신이 받은 달란트와 다른 사람의 달란트를 비교하지 않습니다. 적은 달란트를 받았을지라도 최선의 삶을 사는 것이 착하고 충성된 종의 모습입니다.

이스라엘 백성을 약속의 땅으로 인도하라는 위대한 비전을 받은 모세의 손에 들린 것은 지팡이 하나였습니다. 모세는 그의 손에 들린 지팡이 하나로 2백만 명이 넘는 큰 무리를 인도하여 식량도 물도 찾을 수 없는 메마른 광야길을 헤치고 가나안 땅으로 인도하였습니다.

이스라엘 백성들이 홍해 앞에 이르렀을 때, 뒤에서는 애굽 군대가 추격하고 앞에는 홍해로 막혀 있었습니다. 두려움에 떠는 백성들이 우왕좌왕하며 모세를 원망하였습니다.

하나님은 모세에게 "너는 어찌하여 내게 부르짖느냐 이스라엘 자손에게 명령하여 앞으로 나아가게 하고 지팡이를 들고 손을 바다 위로 내밀어 그것이 갈라지게 하라 이스라엘 자손이 바다 가운데서 마른 땅으로 행하리라"(출 14:15-16)라고 하셨습니다.

지팡이 외에는 아무것도 가진 것 없는 모세가 자기 손에 들린 지팡이를 높이 들자 홍해가 갈라지고 이스라엘 백성들은 마른 땅으로 홍해를 건넜습니다.

개척자는 가진 것이 부족하다고 원망하는 것이 아니라, 하나님이 자기 손에 들려주신 것이 무엇이든 그것으로 최선을 다하는 삶을 살아냅니다. 개척자의 손에 들려주신 작은 것으로 하나님은 위대한 일을 이루십니다.

2) 너는 복이 될지라

"여호와께서 아브람에게 이르시되 너는 너의 고향과 친척과 아버지의 집을 떠나 내가 네게 보여줄 땅으로 가라 내가 너로 큰 민족을 이루고 네게 복을 주어 네 이름을 창대하게 하리니 너는 복이 될지라"(창 12:1-2).

하나님은 아브라함에게 개척의 길을 떠나게 하시고 그를 복의 통로로 삼으셨습니다. 아브라함의 후손으로서 그리스도인들은(갈 3:29) 복이 되는 사명을 이어가야 합니다.

(1) 복은 그리스도인의 사명입니다.

하나님은 아담과 하와를 만드시고 "그들에게 복을 주시며 하나님이 그들에게 이르시되 생육하고 번성하여 땅에 충만하라, 땅을 정복하라"(창 1:28) 하셨습니다.

그러나 인간이 타락하여 하나님은 홍수로 인류를 지면에서 쓸어버리셨습니다. 당대에 의인이었던 노아에게 방주를 만들라고 하셨습니다. 그 말씀에 순종하여 백 년의 세월 동안 방주를 만든 노아와 가족을 구원하셨습니다.

　노아의 가족이 방주에서 나오던 날 다시 하나님은 노아와 그 아들들에게 이르시되 "생육하고 번성하여 땅에 충만하라"(창 9:1) 하시며 복을 주셨습니다.

　그러나 니므롯이 나타나 바벨탑을 쌓고 범죄하므로 하나님은 다시 아브라함을 가나안 땅으로 보내시며 "내가 너로 큰 민족을 이루고 네게 복을 주어 네 이름을 창대하게 하리니 너는 복이 될지라"(창 12:1)라고 하셨습니다.

　'생육하고 번성하여 땅에 충만하여, 땅을 정복하는 것'은 그리스도인들의 복이며 사명입니다.

　그리스도인들도 세상에서 살기 때문에 눈에 보이는 복을 추구합니다. 물질의 복, 학식의 복, 사회적 지위의 복, 자녀의 복, 건강의 복, 만남의 복을 주십니다. 그리스도인들은 받은 복을 통해 이 세상에서 선한 영향력 있는 사람이 되기 위해 복을 받아야 합니다.

　세상 사람들은 복을 물질적인 것에만 집중하지만 복은 물질적인 것만이 아닙니다. 그리스도인들은 영적이고 본질적인 복이 되어야 합니다.

　하나님과 화목의 복(롬 5:1), 하나님의 자녀가 되는 복(요 1:12), 성령의 동행하심의 복(요 14:16-17), 고난 중에도 기뻐하는 내적 평안의 복(빌 4:7), 영원한 생명, 천국의 소망의 복(요 3:16)이 되는 것입니다.

복이 되는 것은 순종에서 시작됩니다. 아브라함의 순종은 안정된 삶에서 떠나 낯선 곳으로 나아가는 결단이었습니다. 복된 삶은 내가 원하는 길이 아니라, 하나님의 인도하심을 따라가는 것입니다.

(2) 복의 통로가 되어야 합니다.

하나님은 아브라함에게 "땅의 모든 족속이 너로 말미암아 복을 얻을 것이라"(창 12:3) 하셨습니다. 하나님이 우리에게 복을 주시는 것은 나눔을 위한 것입니다.

진정한 축복은 소유가 아니라 하나님의 뜻을 이루는 삶입니다. 하나님은 우리를 통해 다른 사람에게 복을 주기 원하십니다. 복의 끝은 내 만족이 아니라, 이웃과 열방과 다음 세대에 대한 나눔입니다.

> "하나님이 능히 모든 은혜를 너희에게 넘치게 하시나니 이는 너희로 모든 일에 항상 모든 것이 넉넉하여 모든 착한 일을 넘치게 하게 하려 하심이라"(고후 9:8).

성경에는 도르가와 같은 나눔의 본이 된 인물이 있습니다.
"욥바에 다비다라 하는 여제자가 있으니 그 이름을 번역하면 도르가라 선행과 구제하는 일이 심히 많더니"(행 9:36)라고 합니다. 도르가는 옷을 만들어 과부들을 섬기는 삶으로 공동체에 큰 복이 되었고, 하나님은 죽은 그녀를 다시 살리셨습니다.

그리스도인들은 사랑과 섬김으로 복을 나누어야 합니다. 요한 사도는 "누가 이 세상의 재물을 가지고 형제의 궁핍함을 보고도 도와줄 마음을 닫으면 하나님의 사랑이 어찌 그 속에 거하겠느냐 자녀들아 우리가 말과 혀로만 사랑하지 말고 행함과 진실함으로 하자"(요일 3:17-18)라고 하였습니다.

우리는 사회에서 어떤 직업의 소명의 자리에 있든지 자기가 속한 공동체에서 복이 되어야 합니다.
나의 말, 태도, 선택, 재정, 사역이 세상을 향해 복을 흘려보내고 있는가를 점검해 보아야 합니다.
위대한 길은 나를 위한 것이 아니라, 많은 사람들에게 복이 되는 길입니다. 나의 삶이 이웃, 공동체, 나라, 열방에게 복의 통로가 될 때 하나님은 더욱 크고 풍성한 복을 부어주십니다.
복을 받는 자에서 복을 흘리는 자로, 머무는 자에서 떠나는 자로, 나만을 위한 자에서 열방을 위한 자로 사는 복된 삶이 위대한 삶입니다.

(3) 르호봇의 복

르호봇의 복은 성경에서 넓은 길, 넓은 자리를 의미하며, 하나님께서 다툼과 막힘을 지나 평안과 번영의 길을 여시는 축복을 말합니다.

그랄에 정착한 이삭이 번창하자 그랄 지방의 목자들이 시비를 걸기 시작합니다. 이삭의 목자들이 우물을 파기만 하면 달려와 그것이 자기들의 것이라고 주장하는 것입니다. 이삭은 그 우물들을 양보하고 다른 곳으로 이동하며 우물을 팠습니다.

세 번째가 되어서 그랄 목자들과의 다툼이 그쳤습니다. 이삭은 그 이름을 르호봇이라 하였는데 그 뜻은 "여호와께서 우리를 위하여 넓게 하셨으니 이 땅에서 우리가 번성하리로다"라는 것이었습니다(창 26:20-22).

우리 그리스도인들이 복을 받되 다툼이 없는 복, 우리를 위하여 더 넓게 열어 주셔서 번성하는 복, 르호봇의 복을 누려야 하겠습니다.

이삭은 우물을 위해 다투지 않았습니다. 다툼이 없는 하나님의 복을 사모해야 하겠습니다. 세상 사람들은 복을 쟁취하기 위해 남을 속여 이익을 취하기도 하고, 무력으로 빼앗기도 합니다. 지나친 경쟁으로 경쟁자를 파멸시키기 위해 자신이 죽어가기도 합니다.

자원이 고갈된 이 시대의 세계는 무한 자원 경쟁시대입니다. 자원문제가 국가 간의 무력 충돌로 이어지기도 합니다. 땅에 있는 자원만 바라본다면 경쟁하고 다투고 무력 충돌로 이어질 수밖에 없습니다. 그러나 복은 하나님으로부터 내리는 것입니다.

복은 하나님께 속한 것이라는 이치를 알았던 이삭은 그랄 목자들과 다투지 않고 다른 우물을 팔 수 있었습니다. 그것이 르호봇의 복입니다.

우리가 필요로 하는 자원은 하늘에 있다는 믿음으로 하나님의 복을 사모해야 하겠습니다.

> "너희는 욕심을 내어도 얻지 못하여 살인하며 시기하여도 능히 취하지 못하므로 다투고 싸우는도다 너희가 얻지 못함은 구하지 아니하기 때문이요 구하여도 받지 못함은 정욕으로 쓰려고 잘못 구하기 때문이라"(약 4:2-3).

예레미야 선지자는 "그러나 무릇 여호와를 의지하며 여호와를 의뢰하는 그 사람은 복을 받을 것이라 그는 물 가에 심어진 나무가 그 뿌리를 강변에 뻗치고 더위가 올지라도 두려워하지 아니하며 그 잎이 청청하며 가무는 해에도 걱정이 없고 결실이 그치지 아니함 같으리라"(렘 17:7-8)라고 하였습니다.

4. 리더십의 핵심가치와 결단

"내가 인자와 정의를 노래하겠나이다 여호와여 내가 주께 찬양하리이다 내가 완전한 길을 주목하오리니 주께서 어느 때나 내게 임하시겠나이까 내가 완전한 마음으로 내 집 안에서 행하리이다 나는 비천한 것을 내 눈앞에 두지 아니할 것이요 배교자들의 행위를 내가 미워하오리니 나는 그 어느 것도 붙들지 아니하리이다 사악한 마음이 내게서 떠날 것이니 악한 일을 내가 알지 아니하리로다 자기의 이웃을 은근히 헐뜯는 자를 내가 멸할 것이요 눈이 높고 마음이 교만한 자를 내가 용납하지 아니하리로다 내 눈이 이 땅의 충성된 자를 살펴 나와 함께 살게 하리니 완전한 길에 행하는 자가 나를 따르리로다 거짓을 행하는 자는 내 집 안에 거주하지 못하며 거짓말하는 자는 내 목전에 서지 못하리로다 아침마다 내가 이 땅의 모든 악인을 멸하리니 악을 행하는 자는 여호와의 성에서 다 끊어지리로다"(시편 101:1-8)

기업이나 공동체는 그 "존재 이유"와 "지향하는 미래"를 명확히 하여, 그 방향으로 구성원의 힘을 하나로 모으며, 대외적으로는 신뢰와 정체성을 확립하기 위해 미션, 비전 선언문을 만들고 활용합니다. 미션과 비전은 경영 활동, 정책 방향, 세부 전략 수립의 최고 기준점이 되기 때문입니다. 구성원과 이해 관계자(직원, 국민 등) 모두가 한 방향을 바라보고 일관된 결정을 하도록 안내합니다.

　이런 선언문은 공동체의 일체감을 높이고, 조직 구성원이 스스로의 역할과 업무에 의미와 자부심을 가질 수 있게 합니다. 분명하게 공유된 비전과 철학, 핵심가치는 행동 기준이 되며 동기를 북돋는 역할을 합니다. 국가나 기업의 고유한 브랜드 이미지와 경쟁력을 형성하는 핵심 요소로 작용합니다.

　시편 101편은 다윗의 국가 경영을 위한 비전, 미션 선언문과 같습니다. 다윗의 통치이념과 그가 추구한 핵심 가치가 무엇인지 분명하게 기록되어 있습니다.

1) 리더십의 핵심 가치

"내가 인자와 정의를 노래하겠나이다 여호와여 내가 주께 찬양하리이다."

이스라엘 땅에서 하나님의 사랑과 정의를 실천하며, 하나님을 찬양(예배)하는 국가를 만든다는 다윗의 비전 선언입니다. 다윗의 선언문에는 "사랑", "정의", "찬양"이라는 세 가지 핵심 가치를 말하고 있습니다.

성경에서 하나님을 표현하는 가장 대표적인 표현이 "사랑"과 "정의"입니다. 그 하나님은 "찬양" 받으시기에 합당한 분입니다.

사랑(인자, 자비, 헤세드)은 하나님이 우리에게 베푸시는 무조건적이고 끝없는 긍휼, 용서, 헌신, 배려를 뜻합니다. 그렇기 때문에 "하나님은 사랑이심이라"(요일 4:8)고 하셨습니다.

정의(공의, 의로움, 미슈파트, 체다카)는 하나님의 성품과 뜻에 따라 공평하게 판단하고, 억울한 이들을 돌보며 옳음과 공평을 실현하는 것을 말합니다. 아모스 선지자는 "오직 정의를 물같이, 공의를 마르지 않는 강같이 흐르게 할지어다"(암 5:24)라고 하였습니다.

미가 선지자는 "사람아 주께서 선한 것이 무엇임을 네게 보이셨나니 여호와께서 네게 구하시는 것은 오직 정의를 행하며 인자를 사랑하며 겸손하게 네 하나님과 함께 행하는 것이 아니냐"(미 6:8)고 하였습니다.

(1) 인자(사랑)

"인자를 노래하겠다"는 것은 하나님의 사랑을 매일의 삶속에서 실천하겠다는 다짐으로 보입니다.

다윗은 "진실로 주님의 선하심과 인자하심이 내가 사는 날 동안 나를 따르리니 나는 주님의 집으로 돌아가 영원히 그곳에서 살겠습니다"라고 고백하였습니다(시 23:6).

기독교의 최고 가치는 사랑인데 실천은 어렵습니다.

"세상 모두 사랑 없어 냉랭함을 아느냐 곳곳마다 사랑 없어 탄식 소리뿐일세 악을 선케 만들고 모든 소망 이루는 사랑 얻기 위하여 저들 오래 참았네"라는 찬송가 가사와 같이 세상은 사랑이 없어 냉랭합니다.

리더들이 주의해야 할 일이 있습니다. 역사적으로 위대한 왕들이 거대한 도시 건축과 궁궐 짓기 등 큰 위업을 달성하기 위해 백성들에 대한 사랑을 잃어버림으로 국가의 패망을 자처한 경우가 많습니다. 위대한 일에만 집중하다 보면 자칫 사람에 대한 사랑을 잃어버릴 수 있습니다.

선교지에서 현지인들에게 사랑을 베풀기 위해 선교센터를 건축하는 과정에 현지인들과의 마찰로 사랑을 잃어버리고 선교에 실패하는 경우들을 보아왔습니다.

때로는 정의를 외치다가 사랑을 잃어버리는 경우도 있습니다.
서기관과 바리새인들이 음행중 잡힌 여자를 예수님 앞으로 끌고

왔습니다. 그리고 모세의 율법은 돌로 치라고 하였는데 당신은 어떻게 말하겠냐고 묻습니다. 음행한 여자에게 정의를 실현하라는 외침입니다.

그때 예수님은 너희 중에 죄 없는 자가 먼저 돌로 치라고 말합니다. 예수님의 말씀에 무리들이 물러가고 여인만 남았습니다. 예수님은 "나도 너를 정죄하지 아니하노니 가서 다시는 죄를 범하지 말라"고 그녀를 돌려 보냈습니다(요 8:1-11).

정의를 외치던 서기관들과 바리새인들에게 예수님은 진정한 사랑의 실천 모습을 보여주신 것입니다. 예수님은 "너희는 가서 내가 긍휼을 원하고 제사를 원하지 아니하노라 하신 뜻이 무엇인지 배우라(마 9:13)고 하셨습니다.

하나님은 사랑이십니다. 사랑이신 하나님은 인간을 구원하기 위하여 아들을 이 땅에 보내셨습니다. 하나님이 독생자를 주신 이유는 저를 믿는 자마다 멸망치 않고 영생을 얻게 하려 하심(요 3:16)이었습니다.

'인자를 노래하겠다'는 말은 하나님의 사랑을 전하며 실천하는 삶을 살겠다는 다짐입니다. 우리가 어떤 장소에서 어떤 일을 하며 살든지 사랑의 실천은 최고의 가치가 있는 삶입니다.

요한 사도는 "사랑하는 자들아 우리가 서로 사랑하자 사랑은 하나님께 속한 것이니 사랑하는 자마다 하나님으로부터 나서 하나님을 알고 사랑하지 아니하는 자는 하나님을 알지 못하나니 이는 하나님은 사랑이심이라"(요일 4:7-8)고 하며 사랑의 실천을 강조하였습니다.

(2) 정의(공의)

정의(Justice)의 사전적 의미는 사회를 구성하고 유지하기 위해 사람들 사이에서 공정하고 올바른 상태를 추구해야 한다는 가치입니다. 법과 도덕, 그리고 사회질서를 이루는 중요한 이념입니다.

사랑은 정의와 함께 실천되어야 합니다. 정의가 무너지면 사랑이 식어집니다. 예수님은 세상 끝에 나타나는 징조 중 하나가 "불법이 성하므로 많은 사람의 사랑이 식어지리라"(마 24:12)고 하였습니다.

시편 기자는 "여호와의 말씀은 정직하며 그가 행하시는 일은 다 진실하시도다 그는 공의와 정의를 사랑하심이여 세상에는 여호와의 인자하심이 충만하도다"(시 33:4-5)라고 하였습니다. 공의와 정의가 실현됨으로 세상에는 하나님의 인자하심이 충만하다고 말합니다.

하나님은 "내가 그로 그 자식과 권속에게 명하여 여호와의 도를 지켜 의(체다카, righteousness)와 공도(미슈파트, Justice)를 행하게 하려고 그를 택하였나니 이는 나 여호와가 아브라함에게 대하여 말한 일을 이루려 함이니라"(창 18:19)고 말씀하십니다. 진정한 공의와 정의의 실천은 하나님의 말씀을 지킬 때 실현될 수 있습니다.

정의(미슈파트, justice)란 하나님의 창조의 질서(샬롬)를 회복하는 것을 말합니다. 미슈파트는 위기로부터의 구원 또는 건져냄을 의미합니다. 정의는 옳지 않은 일이 회복되었을 때 완성되는 것으로 하나님의 정의는 불의한 일을 바르게 하기 위해 회복과 치유에 관점을 두는 것입니다.

공의(체다카, righteousness)는 옳고 바르고 정상적인 것, 즉 정직성, 올곧음, 삶의 표준이 되는 것을 말합니다. 체다카의 의미는 법적 그리고 합당한 행동의 영역을 넘어서 구원사적 의미를 내포합니다. 정의를 구현하고자 하는 리더들의 내면이어야 합니다.

사회에는 정의를 외치는 사람들로 가득합니다. 그런데 정작 그들의 삶에는 정직함도 올곧음도 없는 거짓과 위선 투성이입니다. 이런 사람들이 소리를 높인다고 사회 정의는 구현될 수 없습니다. 개인의 삶이 공의(정직과 올곧음)로 무장된 사람만이 정의를 실현할 수 있습니다.

압살롬은 다윗을 대적하여 반란을 준비하며, 이스라엘 사람들의 마음을 훔치기 위해 "내가 이 땅에서 재판관이 되고 누구든지 송사나 재판할 일이 있어 내게로 오는 자에게 내가 정의 베풀기를 원하노라"고 합니다(삼하 15:1-6).

정의를 베풀겠다는 압살롬의 마음에는 공의는 찾아볼 수 없고 아버지를 죽이고 왕이 되겠다는 무서운 음모가 숨어 있었습니다. 이런 자들에 의해 사회정의는 실현될 수 없습니다.

진정한 리더가 되기 위해서는 "오직 정의를 물같이, 공의를 마르지 않는 강같이 흐르게 할지어다"(암 5:24)라는 말씀을 늘 기억해야 합니다. 리더는 스스로 공의로운 사람, 바르고 올곧음으로 자신을 다스려야 합니다. 그런 리더가 정의를 실현할 수 있기 때문입니다.

다윗은 이스라엘을 정의와 공의로 다스린 왕이었습니다(대상 18:14; 삼하 8:15).

(3) 찬양(예배)

다윗은 "여호와여 내가 주께 찬양하리이다"라며 찬양의 삶을 살 것을 다짐합니다.

사랑과 정의를 리더십의 핵심가치로 생각했던 다윗은 "하나님 찬양"에 더욱 마음을 쏟은 지도자입니다. 다윗은 수많은 시편을 지어 스스로 찬양의 삶을 살며, 이스라엘 백성들이 하나님을 찬양하도록 하였습니다.

찬양은 삶의 방식입니다. 사도 바울은 "너희 몸을 하나님이 기뻐하시는 거룩한 산 제물로 드리라…이는 너희가 드릴 영적 예배니라" (롬 12:1)고 하였습니다.

하나님을 찬양하는 삶은 단순히 예배 시간에 노래를 부르는 것을 넘어, 삶 전체로 하나님께 영광을 돌리는 태도와 자세를 말합니다. 모든 삶의 순간 속에서 하나님의 위대하심을 인정하고 반응하는 것이 바로 찬양입니다.

직장에서, 가정에서, 사람들과의 관계에서 하나님의 뜻을 따라 살아가는 전인격적 예배의 표현입니다. 정직한 말, 선한 행동, 겸손한 태도, 용서와 사랑의 실천이 하나님을 향한 찬양입니다.

찬양하는 삶은 하나님과의 관계 속에서 끊임없이 배우고 반응하는 삶, 하나님의 의로움과 사랑에 마음을 열고 감사하는 삶, 삶의 모든 자리에서 하나님께 영광을 돌리는 삶입니다.

이런 삶을 통해 영혼이 살며, 세상 속에서 하나님의 빛과 사랑을 증거하는 참 예배자가 되는 것입니다.

하나님은 "이 백성은 내가 나를 위하여 지었나니 나를 찬송하게 하려 함이니라"(사 43:21)고 하셨습니다. 인간은 하나님께 찬양하기 위해 창조되었다고 하십니다.

하나님은 단지 '감사를 받으시기 위해서'가 아니라, 그분의 본질이 찬양 받기에 합당하시기 때문에 찬양을 요구하십니다. 하나님은 창조주이시기 때문에 찬양받기에 합당하십니다.

하나님의 보좌 앞에 이십사 장로가 엎드려 "우리 주 하나님이여 영광과 존귀와 권능을 받으시는 것이 합당하오니 주께서 만물을 지으신지라 만물이 주의 뜻대로 있었고 또 지으심을 받았나이다"(계 4:11)라고 하나님을 찬양합니다.

다윗은 "내 영혼아 여호와를 송축하라 내 속에 있는 것들아 다 그의 거룩한 이름을 송축하라"(시 103:1)고 하였습니다. 하나님은 인간의 모든 죄악을 사하시며 모든 병을 고치시며 생명을 파멸에서 속량(시 103:3-4)하셨기 때문에 찬양을 받아 마땅합니다.

2) 리더의 자기 절제

시편 101편 2절부터 4절의 말씀은 다윗이 하나님 앞에 스스로의 자기 절제에 대한 다짐을 말하고 있습니다. 위대한 지도자의 자기 결단, 공의로움의 준비라 하겠습니다.

(1) "내가 완전한 길을 주목하오리니 주께서 어느 때나 내게 임하시겠나이까 내가 완전한 마음으로 내 집 안에서 행하리이다."

'완전한 길을 주목한다'는 것은 하나님이 보시기에 허물이 없는 삶을 살겠다는 다짐입니다. '완전한 길'은 히브리어로 "타밈"(tamim)인데 흠 없는, 온전한, 순전한 삶을 의미합니다.

다윗은 자기 삶에서 하나님의 기준에 맞는 정결함과 도덕성을 강조합니다. 그는 사울에게 쫓기는 광야의 삶에서도 하나님의 뜻에 어긋나지 않으려고 애쓰는 모습을 보여주었습니다.

다른 한편으로 '완전한 길을 주목한다'는 것은 사명에 집중하여 바른 길을 걷는 것을 의미하기도 합니다. 자기에게 주어진 사명을 푯대로 바라보고 어떠한 상황에서도 흔들림 없는 길을 가는 것입니다. 사도 바울은 "푯대를 향하여 그리스도 예수 안에서 하나님이 위에서 부르신 부름의 상을 위하여 달려가노라"(빌 3:14)고 선언하였습니다.

다윗은 흠결이 없는 길, 분명한 사명의 길을 향해 좌로나 우로나 치우치지 않기 위해 "주께서 어느 때에 내게 임하시겠나이까?"라며 하나님의 동행을 간구하고 있습니다. 하나님의 동행함이 없이는 완전한 길을 갈 수 없기 때문입니다.

다윗이 완전한 길을 주목하겠다고 다짐하며 하나님의 동행을 요청하는 것으로 보아 하나님은 완전한 길을 걷는 자들과 동행해 주심을 알 수 있습니다.

다윗은 "완전한 마음으로 내 집 안에서 행하리이다" 하며 이스라엘의 왕으로서 백성들 앞에서 완전한 마음으로 행하겠다고 다짐합니다. 백성을 정의와 공의로 다스리려는 완전한 마음을 사모하는 지도자의 자세입니다. 백성들이 보기에 허물이 없는 완전한 마음을 가진 지도자가 되기를 갈망하였습니다.

가정에서도 아버지로서 완전한 마음을 갖기 원했던 다윗을 봅니다. 위대한 왕이었던 다윗은 자녀들의 문제에 있어 비극을 겪은 아버지였지만 반란을 일으켰던 아들 압살롬을 끝까지 아끼는 모습을 통해 아버지의 모습을 보여 주었습니다.

(2) "나는 비천한 것을 내 눈앞에 두지 아니할 것이요 배교자들의 행위를 내가 미워하오리니 나는 그 어느 것도 붙들지 아니하리이다"

성경적 가치관으로 세상을 볼 때 완전한 길을 볼 수 있습니다. 요한 사도는 "이 세상이나 세상에 있는 것들을 사랑하지 말라 누구든지 세상을 사랑하면 아버지의 사랑이 그 안에 있지 아니하니 이는 세상에 있는 모든 것이 육신의 정욕과 안목의 정욕과 이생의 자랑이니 다 아버지께로부터 온 것이 아니요 세상으로부터 온 것이라"(요일 2:16)고 하였습니다.

다윗은 눈으로 보는 세상의 비천한 것들, 화려함으로 사람의 눈을 미혹하는 것들에 눈길을 돌리지 않겠다는 선언입니다. 리더들의 타락이 이러한 정욕으로부터 시작되기 때문입니다.

배교자의 행위는 하나님과의 언약을 저버리고, 하나님의 진리를 거부하며, 거짓을 가르치고, 사악한 마음으로 공동체를 분열시키며, 성령을 욕되게 하는 것입니다. 이러한 행동은 영적인 죽음과 심판에 이르는 심각한 죄악이라 성경은 경고합니다. 하나님으로부터 사명을 받은 사명자가 사명의 길을 가지 않고 하나님이 베푸신 것들을 자기 배를 불리는 데 탕진한다면 이러한 행위도 배교하는 행위라 할 수 있을 것입니다.

다윗은 이런 배교자들의 행위를 미워하며 따라하지 않겠다고 다짐합니다. 사도 바울은 마지막 때, 배교하는 일이 있을 때에 미혹되지 말라(살후 2:3)고 경고하고 있습니다.

(3) "사악한 마음이 내게서 떠날 것이니 악한 일을 내가 알지 아니하리로다"

사악한 마음은 본질적으로 악한 생각과 의도, 욕망, 태도가 가득한 마음을 의미합니다. 선함과 하나님 뜻에서 멀어져 자기중심적이고 파괴적이며 부정직한 감정과 의지를 품는 상태입니다.

성경에서는 거짓, 교만, 질투, 미움, 분노, 탐욕, 음란 등 여러 악한 감정과 행위들이 사악한 마음에서 비롯된다고 가르칩니다(마 15:18-19; 렘 17:9).

사악한 마음은 하나님과 사람에게 해를 끼치며, 내면의 죄된 본성을 반영합니다.

다른 사람을 해치거나 자신의 이익을 위해 부정직하고 이기적으로 행동하려는 의지, 하나님 명령을 의도적으로 거스르고 교만하게 행동합니다.

자기중심적 욕망에 사로잡혀 타인을 무시하거나 착취하고 분노와 증오로 다른 사람을 용서하지 않고 지속적으로 미워하고 다툼을 일으키는 마음입니다.

사악한 마음은 개인의 행동뿐 아니라 공동체와 관계를 파괴하며 사회적 갈등과 부패를 일으킵니다. 영적으로는 하나님과의 관계를 멀어지게 하고 영혼의 병폐를 초래합니다.

다윗은 이런 사악한 마음으로 죄인의 길을 가지 않겠다고 다짐합니다.

3) 리더와 공동체

시편 101편 5절에서 8절까지의 말씀은 다윗이 아름다운 공동체를 세우기 위해 리더가 해야 할 일을 말하고 있습니다. 국가경영을 위한 정의실현이라 하겠습니다.

(1) "자기의 이웃을 은근히 헐뜯는 자를 내가 멸할 것이요 눈이 높고 마음이 교만한 자를 내가 용납하지 아니하리로다"

공동체에서 습관적으로 은근히 남을 헐뜯는 사람들은 공동체의 분열을 일으키는 원인이 됩니다.

이웃을 헐뜯는 것은 근거 없이 남을 비난하고 중상하여 하나님께서 명하신 사랑의 법을 어기는 행위입니다. 성경은 그러한 헐뜯음을 심각한 죄로 규정하고 경계하며, 그리스도인에게 서로를 존중하고 사랑할 것을 당부합니다.

죄성을 가진 인간 사회에서 어느 조직에서든지 흔히 일어나는 일인데, 다윗은 이웃을 헐뜯는 자를 멸할 것이라고 말합니다. 헐뜯는 자를 제거하지 않으면 조직은 계속하여 분열이 일어나기 때문입니다.

다윗은 눈이 높고 교만한 자를 공동체에서 용납하지 않겠다고 말합니다. 여기서 "눈이 높다"는 것은 자기 자신을 지나치게 높게 평가하고, 다른 사람을 경시하거나 깔보는 태도를 뜻하며, "마음이 교만하다"는 것은 자신을 우월하게 여기고 겸손하지 않은 상태를 의미합니다. 교만은 자기 자신을 높이고 하나님보다 자신을 앞세우는 죄된 마음 상태입니다

공동체의 리더는 오만한 눈으로 이웃을 무시하고 교만함으로 공동체의 일체감을 깨뜨리는 행위를 용납해서는 안 됩니다.

리더는 스스로 섬기는 리더십으로 공동체의 구성원 모두가 남을 자기보다 낫게 여기며 섬기는 공동체를 만들어 가야 합니다.

(2) "내 눈이 이 땅의 충성된 자를 살펴 나와 함께 살게 하리니 완전한 길에 행하는 자가 나를 따르리로다"

인사가 만사라는 말이 있습니다. 리더에게 있어 가장 중요한 리더십이 사람의 중용이라 할 수 있습니다. 그래서 리더에게는 사람을 보는 눈이 있어야 합니다.

다윗은 자신이 지도자로서, 충성되며 의로운 사람들을 주의 깊게 관찰하고 선별하겠다는 다짐을 합니다. 이는 단지 표면적인 모습이 아니라, 진실과 성실함이 내면에 있는 사람을 찾겠다는 뜻입니다.

충성된 자들과의 연합을 통해 공동체나 나라를 세우겠다는 결단입니다. 충성된 자들을 가까이 두어 하나님 뜻에 부응하는 사회를 이루려는 의지입니다.

'완전한 길'이란 하나님의 인자와 정의, 진리와 거룩함이 조화를 이루는 삶의 길입니다. 다윗은 그러한 길을 걷는 자들이 하나님을 따르는 참 신앙인의 모습이라고 선언합니다.

다윗은 주변의 수많은 사람들 중에 충성된 자들을 찾아 등용하였고, 그와 비전을 같이하여 완전한 길에 행하는 자들이 다윗을 도와 이스라엘을 건설하였습니다. 이스라엘의 역대 왕 중에 다윗은 가장 많은 충성된 심복을 거느린 왕이었습니다.

(3) "거짓을 행하는 자는 내 집 안에 거주하지 못하며 거짓말하는 자는 내 목전에 서지 못하리로다"

리더는 진실함을 최우선 가치로 삼아야 하며, 거짓 행위에 결코 타협하지 말아야 합니다.

공동체 내에 거짓과 기만이 발붙이지 못하도록 경계하고, 정직하고 신뢰할 수 있는 사람들이 함께 함으로써 하나님과 사람 앞에서 정당한 삶을 추구해야 함을 가르칩니다.

다윗은 하나님이 원하시는 의로운 통치와 공동체 형성의 중요한 원칙인 '진실과 정직'을 강조합니다. 거짓으로 무장한 자는 하나님의 집이나 통치자의 신뢰받는 자리에 설 수 없음을 나타냅니다.

(4) "아침마다 내가 이 땅의 모든 악인을 멸하리니 악을 행하는 자는 여호와의 성에서 다 끊어지리로다"

다윗 왕이 매일 새롭게 악을 감시하고, 적발된 악인들을 단호하게 처벌하겠다는 결의를 말합니다. '아침마다'라는 표현은 하루도 쉬지 않고 지속적인 경계와 심판이 이루어져야 함을 강조합니다.

이 구절은 다윗의 통치자로서의 책임감과 의로운 통치 의지를 반영하며, 하나님 앞에서 정의를 세우고 악을 철저히 배격하려는 굳은 다짐입니다.

"매일 하나님과 동행하는 삶 속에서 악을 감시하고 철저히 단죄하며, 하나님의 거룩한 통치 아래에서 정의로운 사회와 공동체를 세우겠다"는 다윗의 결단을 담고 있습니다.

우리에게도 꾸준히 악을 경계하며 하나님 앞에 온전한 삶을 살도록 도전하는 말씀입니다.

간증 2

나는 이렇게 아프리카에 복이 되었다

르완다 전쟁 현장을 취재하러 떠났다가 선교사가 되었습니다. 골고다 언덕길을 구경하던 시몬이 억지로 예수님의 십자가를 진 것과 같이 저의 초기 사역은 억지로 진 십자가였습니다. 그러나 이제 그 십자가의 길이 가장 위대한 사명의 길이었음을 깨닫게 되었습니다. 저는 선교사로 살면서 다음과 같은 일에 주의하였습니다.

1. 가난을 부끄러워하지 않았습니다.

르완다로 가기 위해 우간다 엔테베 공항에 도착하여, 캄팔라에서 하루 쉬고 다음 날 새벽에 버스 정류장에서 14인승 밴으로 이동하였습니다. 좁은 밴에 두 자리를 얻어 두 개의 짐을 싣고 짐 틈에 끼여 열두 시간을 달려갑니다. 르완다 국경을 넘으면 몇 번의 검문소를 만나 고아 어린이들을 위해 준비한 두 개 이민 가방의 선물을 모두 꺼내서 검사를 마치고, 다시 짐을 싸야 키갈리에 도착합니다. 현지 사람들이 보기에도 초라한 선교사의 모습과 땀방울을 부끄러워하지 않았습니다.

2. 다른 선교사와 비교하지 않았습니다.

다른 선교사와 저를 비교하지 않았습니다. 주변에는 크고 놀라운 일을 행하는 선교사들이 많이 있지만 그들을 부러워하거나 질투하지 않았습니다. 저는 지금도 다른 선교사들의 사역지를 기웃거리지 않습니다. 다른 분의 사역지를 방문하더라도 그들의 사역과 비교하지 않습니다. 주변의 선교사들에 대하여 부정적으로 비판하는 말을 제 입에 담아 보지 않았습니다. 내게 맡겨 주신 사역의 짐이 무거워 그것으로 족합니다.

3. 완전한 의탁의 삶을 살았습니다.

모든 것을 하나님께 완전히 의탁할 수밖에 없었습니다. 전쟁터를 다니는 사역이기에 나의 생명을 완전히 하나님 손에 의탁하였습니다. 집에 두고 가는 아내를 주님에게 남편이 되어 달라고 의탁하였습니다. 아프리카의 수많은 유치원과 고아원의 아이들을 돌보며 나의 자녀들은 하나님께 완전히 의탁하였습니다. 현지의 사역과 재정의 문제를 완전히 하나님께 의탁하고 후원회나 이사회를 조직하지 않고 사역하였습니다.

4. 온전한 헌신의 삶을 살았습니다.

사명을 위해 온전한 헌신의 삶을 살았습니다. 최선의 삶을 의미합니다. 최선의 삶을 "Maximum Stretch"라는 말로 표현합니다. 제가 감당할 수 있는 일보다 언제나 더 큰 일로 부르시기 때문에 저를 찢어내듯 온전한 헌신의 삶을 살아야 했습니다. 몸을 아끼지 않고 열심히 부지런하게 살았습니다. 하나님이 부르시는 곳에 사역지를 확장해 나갔습니다. 미국과 한국, 아프리카 5개국을 수없이 왕래하며 하나님의 뜻에 순종하였습니다.

5. 비저너리의 삶을 살았습니다.

비저너리의 삶을 살았습니다. 현재의 상황과 형편을 살피지 않고 성령의 인도하심에 순종하였습니다. 하나님께서는 저에게 미래를 보는 눈을 주셨습니다. 육신의 눈으로는 볼 수 없지만 그 일이 반드시 이루어질 것을 믿고 인내로 기다리며 포기하지 않았습니다. 하나님이 영광을 받으실 일에는 방해하는 세력이 더욱 강했습니다. 미래를 보며 조급한 마음으로 서두르지 않고, 기다림을 통해 모든 비전을 성취하였습니다.

6. 개척자의 길을 걸었습니다.

다른 사람들의 사역을 흉내내지 않았습니다. 지역마다 현지 사람들의 필요에 따라 하나님이 하게 하시는 일을 시작하였습니다. 가급적 선교사가 갈 수 없는 곳에 선교지를 개척하고 현지인들과 함께 사역을 시작하였습니다. 그래서 선교회 이름을 '월드미션 프론티어'라고 지었습니다. 처음 시작하는 일은 여러 가지 시행착오를 겪을 수 있습니다. 문이 닫히고 넘어져도 포기하지 않았습니다. 그런 실패와 시행착오를 거쳐 이제는 건강한 선교회로 세워졌습니다.

7. 기도로 사역하였습니다.

선교는 성령님의 사역입니다. 그래서 많은 분들에게 기도를 부탁합니다. 그 숫자는 적을지라도 중보 기도하는 후원자들의 기도의 힘으로 사역합니다. 후원회나 이사회는 없어도 성령님의 감동으로 후원하는 성도들의 손길로 사역하고 있습니다. 매년 고난주간에 시작되는 40일 연속 금식기도, 가을에 있는 3주간의 연속 금식기도 때 저에게 주신 비전, 감당할 수 없는 사역을 위해 기도합니다. 그리고 한 해를 마무리할 때는 모든 기도가 응답된 것을 경험합니다.

8. 열정적으로 사역하였습니다.

모든 시간과 에너지와 물질을 아프리카에 쏟아부었습니다. 사무실과 집과 선교센터의 소파에서의 쪽잠으로 세월을 보냈습니다. 모든 대화는 아프리카에만 집중되어 있어 사람들과의 교제가 제한된 삶을 살았습니다. 저의 자녀들이 저에게 "Socially Retarded"(사회적 장애인)이라고 할 만큼 아프리카 선교에 관계된 사람 외에는 교류가 없었습니다. 온 마음이 아프리카 선교에 집중되어 있었습니다.

9. 현지인들을 신뢰합니다.

우리 선교회는 처음부터 현지인을 멤버십으로 구성하여 현지의 모든 사역은 현지인들에게 맡겨두고 있습니다. 대부분의 선교사들이 현지인들을 믿지 못해 어려움을 겪고 있지만 저는 현지인 사역자들에게 전적인 신뢰로 사역을 맡깁니다. 매월 보내는 재정 관리는 현지인 재정팀에게 맡겨 사용합니다. 지금까지 현지인들에게 재정 사용의 권한을 맡겨 주고 재정장부 검사를 한 적이 없습니다. 믿어 주어야 믿을 사람을 찾을 수 있기 때문입니다.

10. 사람을 미워하지 않았습니다.

선교지에서 현지인들에게 배신을 겪어 보았고, 동역하던 한국인 선교사들의 배신 행위로 아픔을 겪어 보았습니다. 그러나 이미 큰 교통사고를 통해 사랑과 미움에 대한 문제를 해결 받았습니다. 사람을 도무지 사랑할 수 없는 상황에서 주님이 제게 말씀하셨습니다. "내가 저들을 사랑하니 너도 사랑하여라", "내가 죽기까지 저들을 사랑하였으니 너도 죽기까지 저들을 사랑하라"는 음성이었습니다. 사랑의 문제를 해결 받은 후 사람을 미워하지 않았습니다.

1994년부터 지금까지의 사역을 다음과 같이 기간별로 나누어 정리해 보았습니다. 하나님이 한 사람을 부르시고 어떻게 복이 되게 하셨는지 간단하게 소개합니다.

제1기 사역(1994-2000년)

전쟁 현장을 취재하고 인생의 십일조로 서원했던 6년간의 사역으로 최선의 힘을 다한 사역이었습니다. 미국에서 운영하던 사업을 정리하고 온전한 삶을 드린 기간이었습니다.

르완다에 고아원을 설립하여 45명의 고아를 돌보며, 27개의 유치원에서 3천 명의 어린이 돌봄 사역을 진행했습니다. 르완다로 가기 위해 처음 도착했던 우간다에 유치원(80명)을 세우고, 18에이커의 부지를 마련하여 초등학교(200명)를 건축하였습니다. 탄자니아의 난민촌에 신학교(150명)와 유치원을 운영하는 사역을 감당할 수 있었습니다. 1994년부터 2000년까지의 사역은《무중구 실링기》라는 간증집으로 출판되었습니다.

제2기 사역(2001-2006년)

피그미촌에서 복음이 이 땅을 변화시킬 수 있다는 음성을 듣고 "2001 르완다 복음화 대성회"를 시작으로 르완다, 우간다, 콩고, 탄자니아, 부룬디에서 전국 규모의 세미나와 전도집회를 개최하였습니다. 대규모 단기선교단 모집을 통해 아프리카 5개국 복음화 대회는 2011년 부룬디 전국 복음화 대회까지 계속되었습니다. 2001년부터 2011년까지 1,500명의 한인성도들이 봉사단으로 참가하여 150만 명의 현지인들이 참가한 집회를 주관하였습니다.

2001 르완다 복음화 대회부터 2006년까지의 복음화 대회 개최 과정을《네 마음을 쏟아노라》라는 간증집으로 출판하였습니다.

이 기간에 르완다의 키갈리 센터, 카욘자 센터, 찬구구 센터가 설립되고, 우간다 은상기 센터, 난지가 센터가 건축되었습니다. 탄자니아 무완자와 부코바, 콩고 고마와 부카부에 선교센터가 설립되었습니다.

제3기 사역(2007-2012년)

선교가 장기화됨에 따라 선교센터 건축의 필요성을 갖게 되었습니다. "비전 2012"의 목표를 정하고, 2012년까지 선교센터 건축부지 마련과 건축에 집중할 계획이었습니다.

그런데 갑자기 2006년부터 아프리카 지도자들을 한국에 초청한 것이 계기가 되어 2010년까지 450명 정도의 아프리카 지도자들을 한국에 초청하였습니다.

이 기간에 아프리카 청소년들의 한국 유학이 시작되었습니다. 현재까지 100명 이상의 청소년들을 한국의 대학에 유학을 보냈습니다. 복음화 대회는 중단하고 건축에 집중하려고 하였지만 현지의 요청에 따라 2011년까지 계속 진행하였습니다.

따라서 건축은 많이 진행하지 못했지만 여러 곳에 선교센터 부지를 마련하였습니다. 빅토리아 호수에 병원선 1호선 건조가 시작되었습니다.

제4기 사역(2013-2020년)

2013년에 "비전 2020"을 발표하고, 대규모 복음화 대회는 중단하고 선교센터 건축에 집중하였습니다. 르완다(키갈리, 찬구구, 카온자), 콩고(고마, 부카부, 베니, 우비라), 우간다(은상기, 난지가), 탄자니아(무완자, 부코바, 이솔래, 세렝게티, 수구티)에 대규모 센터 부지를 마련하고 건축을 진행하였습니다.

건축이 진행되는 동안 건축된 건물에서는 고아원, 유치원, 초등학교, 고등학교, 신학교 등의 사역이 자리 잡았습니다. 빅토리아 호수에서는 병원선이 완공되어 병원선 사역이 시작되었고, 2호선의 건조가 시작되었습니다. 키갈리의 월드미션 고등학교가 전국 10위권의 학교로 발전하였습니다. 우간다와 르완다에서 신학교를 대학교로 교육부 인가를 받기 위한 인가 절차가 시작되었습니다.

제5기 사역(2021-2030년)

2021년에 시작한 "비전 2030"은 열 가지 사역 목표를 추진하고 있습니다.

(1) 아프리카 5개국에 5개의 대학교 설립
(2) 아프리카 5개국에 15개(각국에 3개)의 유치원과 초·중·고등학교를 운영하는 선교센터 설립
(3) 빅토리아 호수 병원선 1, 2호선을 완공하고 운항 시스템 완성

(4) 한국 선교센터(선교훈련, 선교사 쉼터)

(5) 미국 선교센터(선교훈련, 선교사 쉼터)

(6) 교단 설립(CWMF - 2023년 설립)

(7) 선교사 훈련원(AMTIC - 2019년 설립)

(8) 교수요원 박사학위 장학지원(미국, 한국)

(9) 길갈 청소년 리더십 캠프 확장(2020년 시작)

(10) 세븐 마운틴스 클럽 운동(2020년 시작)

2024년 월드미션 프론티어의 창립 30주년 기념식에 많은 사람들이 참석하여 선교회 창립을 축하해 주었습니다. 그동안 헌신과 수고의 열매로 많은 사람들이 세워진 것이 감사했습니다.

탄자니아 난민촌에 세워졌던 성경학교 출신의 학생들이 르완다로 귀환하여 영향력 있는 목회를 감당하며 교계의 지도자들이 되어 있었습니다. 난민촌 신학생 중 여러 학생이 선교회 지원으로 한국과 미국에서 박사학위를 받고 현지 교단의 큰 사역을 감당하고 있습니다.

고아원에서 자란 어린이들이 건강한 사회인이 되어 결혼하고 가정을 꾸려 자녀들을 안고 돌아왔습니다. 대학과 대학원을 졸업하고 정부의 지도자가 되기도 하고, 목사가 되어 월드미션 프론티어 선교 사역을 이어가는 청년들이 되었습니다. 그동안 120명의 어린이들이 고아원에서 성장하였고, 지금도 120명의 고아들이 자라고 있습니다.

여러 곳에 전쟁 미망인들을 위한 양재학교가 설립되었습니다. 창립 기념식에 참가한 한 여성이 간증하였습니다.

"저는 네 명의 아이들을 키우며 힘들게 살았습니다. 제 사정을 알고 아이삭 목사님이 카욘자 양재학교에 다니도록 배려해 주셨습니다. 양재학교를 수료하고 선교회가 마련해 준 재봉틀로 사업을 시작하였습니다. 루터란 교회의 단체복을 주문받는 것을 시작으로 사업이 확장되었습니다. 저는 네 자녀들을 모두 고등학교, 대학교에 보내고 지금은 방이 네 개인 큰 집에서 살고 있습니다. 월드미션 프론티어에 감사합니다."

선교회가 설립한 유치원과 초등학교, 고등학교를 졸업한 수많은 청년들이 성공적인 삶을 살고 있습니다. 어느 날 키갈리 센터로 한 청년이 찾아왔습니다. 가난하여 고등학교에 진학할 수 없었는데, 월드미션 고등학교를 장학금으로 졸업할 수 있었다고 합니다. 졸업 후에 대통령 장학금으로 미국에 유학하고 실리콘밸리에서 3년간 일하고 귀국하였다면서 저를 찾아왔습니다.

우간다, 르완다, 탄자니아, 콩고, 부룬디의 월드미션 프론티어 신학교를 졸업한 1천 명이 넘는 졸업생 중에 250명 이상이 목사로 안수받고, Church of World Mission Frontier라는 교단이 설립되었습니다. 아프리카 교회가 경제적으로 일어서면, 미래의 월드미션 프론티어의 NGO 사업은 현지 교단이 지원하게 될 것입니다.

한국 대학 학부과정에 유학을 보낸 1백 명 이상의 학생들이 귀국하여 리더로 살고 있습니다. 많은 학생들이 대학을 졸업하고 한국의 대학과 정부 장학금으로 대학원에 진학하여 석사, 박사 학위를 받았습니다. 한국 유학을 마치고 귀국한 청년들이 한국과 연계하며 각 나라에서 지도자로 일하고 있습니다. 한국을 방문했던 지도자들이 지금도 한국을 왕래하며 한국 정부기관과 여러 가지 사업을 진행하고 있습니다.

코로나 팬데믹이 시작되던 2020년 르완다 키갈리 공항에서 르완다 현지 목회자 한 분을 만났습니다. 그분이 저에게 인사를 하며 말했습니다. "김 선교사님, 저는 '2001 르완다 전국 복음화 대성회' 준비위원 중 한 사람이었습니다. 2001 르완다 복음화 대성회는 르완다 교회사에 처음 있는 일이었습니다. 그때가 르완다 교회의 전환점이었습니다." 오랜 세월 잊고 살았던 복음화 대회의 열매를 저는

20년이 지난 후에 듣게 되었습니다.

우리의 이야기는 여기서 그치지 않습니다. 너무나 많은 이야기와 열매를 모두 소개할 수 없습니다. 1994년부터 2000년까지의 사역은 《무중구 실링기》라는 책으로 출판되었고, 2001년부터 2006년까지의 복음화 대회 사역에 대한 간증은 《네 마음을 쏟아노라》라는 책으로 출판되었습니다. 2007년부터 지금까지 기록하지 못한 내용을 정리하여 《믿음의 역사》, 《사랑의 수고》, 《소망의 인내》라는 세 권의 책으로 출판하려고 합니다.

1994년 배낭 하나 메고 떠났던 르완다 전쟁 현장 취재의 길이었습니다. 아프리카로 보내시고, 르완다의 참혹한 전쟁 현장에서 부르시는 하나님의 음성을 거역할 수 없었습니다.

이민 가방 두 개의 선물 보따리에 감사하던 제가 이제는 언제든지 필요하면 컨테이너로 물건을 보낼 수 있게 되었습니다. 선교센터 렌트비를 내지 못해 쫓겨 다니던 선교회가 이제는 여러 곳에 대규모 부지를 마련하고 선교센터를 건축하고 고아원, 유치원, 초·중·고등학교, 대학교, 신학교를 운영하고 있습니다. 빅토리아 호수의 병원선 하나만으로도 큰 일인데, 두 척의 병원선이 만들어져 수많은 섬 사람들을 치료하고 있습니다.

하나님과 함께 걸었던 세월, 이제 돌아보니 저는 아프리카에 복이 되어 있었습니다.

3부
하나님과 함께 가라!

위대한 길은 하나님과 함께 가야 합니다. 나 혼자의 힘으로는 헤쳐갈 수 없는 좁고 험한 길이기 때문입니다.
하나님과 동행한다는 것은 그분과 지속적으로 함께하며, 하나님의 뜻을 따르고 경건한 삶을 사는 것을 말합니다. 쉬지 않는 기도와 하나님의 생각으로 가득 찬 삶, 성령과 함께하는 삶을 말합니다. 단순한 믿음이나 자기 확신을 넘어서 하나님의 능력과 축복, 보호하심이 실제 삶에서 나타나는 것을 의미합니다. 3부에서는 하나님과 함께하는 삶을 살았던 다윗의 모습을 생각합니다.

'점점 강성하여 가니라'는 다윗의 삶 속에 하나님이 함께하심으로 양치기 목동 소년이 점점 강성하여 이스라엘의 왕이 된 것을 생각합니다. 하루아침에 성공을 이루는 것이 아니라, 하나님이 함께하시며 점점 강성해지는 복입니다.

'겸손한 리더가 되라!'에서는 다윗의 고백을 바탕으로 겸손한 지도자의 덕목을 생각합니다.
겸손한 리더는 하나님의 부르심에 자신의 조건을 따지지 않고 즉각 순종합니다. 그리고 자기를 아끼지 않고 사명에 최선을 다하는 삶을 살아갑니다. 겸손한 리더는 자기를 자랑하지 않고 남을 자기보다 낮게 여기는 리더입니다. 다윗의 겸손한 리더십을 배웁니다.

'일어나 바로 서라!'에서는 시편 20편의 내용을 생각하였습니다. 전쟁에 나가는 다윗 왕을 위하여 이스라엘 백성들이 성전에 모여 기도하고, 다윗이 함께 기도하는 내용입니다. 세상 사람들은 돈과 힘을 의지하지만, 위대한 일은 하나님의 힘을 의지할 때 하나님의 도우심으로 이루어집니다.

'위대하게 만들어 주리라'는 하나님이 다윗과 함께하시며 다윗의 모든 원수들을 멸하고 위대하게 만들어 주겠다고 말씀하신 내용입니다. 청년들이 만나는 원수들을 극복함으로 위대한 비전을 성취하라는 내용입니다.

1.
점점 강성하여 가니라

"다윗이 그 산성에 살면서 다윗 성이라 이름하고 다윗이 밀로에서부터 안으로 성을 둘러 쌓으니라 만군의 하나님 여호와께서 함께 계시니 다윗이 점점 강성하여 가니라"(사무엘하 5:9-10)

우리 사회에는 즉각적인 성과를 중요시하는 단기 성과주의가 팽배합니다. 수단과 방법을 떠나 성공 자체를 최우선으로 하는 성공지상주의가 지배적입니다. 노력보다는 한 번의 기회로 큰 이득을 보려는 한탕주의가 성공의 지름길같이 여겨집니다.

성공에 조급한 사람들에게서 인내심을 찾아보기 어렵습니다. 결과물을 빠르게 얻어내는 것을 미덕으로 여기는 사회 분위기입니다.

하나님의 부르심, 더 높은 소명, 비전을 받은 사람들조차 조급해합니다. 하나님이 원하시는 시간과 방법과 길을 묻기 전에 사람의 성급한 생각으로 일을 진행하려는 경향이 있습니다.

이런 조급한 성공주의에 빠져 있는 사회를 살며 성경 본문에서 눈길을 끄는 단어가 '점점'이라는 말입니다. '빨리, 신속하게, 하루아침에, 한탕에'가 아니라 다윗은 '점점' 강성해졌다는 것입니다.

양치기 소년 다윗은 열다섯 정도의 어린 나이에 왕으로 기름 부음을 받았지만 곧바로 왕이 되지 못하고 오랜 기간 연단을 받아야 했습니다.

형들을 면회하기 위해 전쟁터로 갔던 다윗이 골리앗을 죽임으로, 이스라엘 백성의 인기를 얻게 되었습니다. 이스라엘 사람들에게 다윗의 인기가 높아갈수록 시기심으로 가득 찬 사울의 미움이 쌓여갔습니다. 다윗은 10년 이상의 세월을 목숨을 위협받으며 광야에서 도피 생활을 해야만 했습니다.

사무엘상 21장부터 사무엘하 1장까지 다윗이 쫓겨 다니는 내용을 말하고 있습니다.

다윗은 사울을 피해 놉으로 도망한 것(삼상 21:1-6)을 시작으로, 가드(삼상 21:10-15), 아둘람 굴(삼상 22:1-2), 모압(삼상 22:3-4), 헤렛 수풀(삼상 22:5), 그일라(삼상 23:1-13), 십 광야, 마온 광야(삼상 23장), 엔게디(삼상 24장), 바란 광야(삼상 25장), 시글락(삼상 27:1-7) 등지에서 10년 이상의 피신 생활을 해야 했습니다.

30세가 되어서야 헤브론에서 유다 지파의 왕으로 세움을 받아 7년 반 동안 다스리다가 사울 왕의 아들 이스보셋의 사망 후에 통합 이스라엘의 왕이 되었습니다. 왕으로 기름 부으심을 받은 후 15년이라는 긴 세월 동안 고난과 기다림으로 다윗은 왕이 될 수 있었습니다.

광야에서 생명의 위협을 받으면서도 하나님과 함께했던 다윗은 점점 강하여지고, 하나님이 떠난 사울의 집은 점점 약하여졌습니다(삼하 3:1).

사울 왕은 다윗이 하나님의 부르심을 받은 것을 알면서도(삼상 24:20), 그가 왕이 되는 것을 막기 위해 죽이려 한 것입니다. 사울은 하나님의 뜻을 거역하며 순종하지 못함으로 하나님께 버림받은 실패한 왕이 되었습니다.

사울의 실패는 순종하는 삶을 알지 못하였기 때문입니다. 이스라엘 사람들 중에서 가장 키가 크고 준수한 용모를 가진 사람이(삼상 9:2) 준비과정 없이 갑자기 왕이 되었기 때문입니다. 어떻게 하나님의 음성을 듣고 순종하며 동행하는지 알지 못해 임의대로 행하며(삼상 13:8-14) 하나님의 버린 바가 되었습니다.

반면에 다윗은 긴 세월 동안 광야에서 도피 생활 가운데 하나님과 동행하는 훈련을 받은 사람이었습니다. 다윗의 성공은 하루아침에 이루어진 것이 아니라, 긴 세월의 훈련과 연단을 통해 위대한 왕으로 세움을 받은 것입니다.

모세도 마찬가지입니다. 장인 이드로의 양 떼를 치면서 호렙산에 이르러 불타는 떨기나무를 보고 다가갔다가 여호와의 사자로부터 부르심을 받았습니다.

하나님은 모세에게 여러 가지 증거를 보여주시며 "내 백성 이스라엘 자손을 애굽에서 인도하여 내게 하리라"는 큰 사명을 주셨습니다.

모세가 하나님의 보내심을 받아 바로 앞에 섰을 때 즉시 성공하지 못하고 이스라엘 사람들에게 더 큰 고통이 시작되었습니다. 모세는 하나님께 돌아가 "주여 어찌하여 이 백성이 학대를 당하게 하셨나이까 어찌하여 나를 보내셨나이까 내가 바로에게 들어가서 주의 이름으로 말한 후로부터 그가 이 백성을 더 학대하며 주께서도 주의 백성을 구원하지 아니하시나이다"(출 5:22-23)라고 탄식하며 기도합니다.

모세는 실패를 경험하며 애굽 땅에는 열 가지 재앙이 일어납니다. 이 실패의 시간을 통해 하나님은 모세를 애굽사람들 앞에 위대한 사람으로 세우신 것입니다. 성경은 "그 사람 모세는 애굽 땅에 있는 바로의 신하와 백성의 눈에 아주 위대하게 보였더라"(출 11:3)라고 말합니다.

비전의 성취는 하루아침에 이루어지는 것이 아닙니다. 자원의 부족과 주변의 시기와 질투, 반대와 반역, 공갈 협박과 같은 장애물을 하나하나 이겨내며 점점, 한 걸음 한 걸음 강성하여 가는 것입니다.

점점 강성하여지는 것은 하나님의 은혜입니다.

점점 강성해지기 위해 어떤 삶을 살아야 할지 세 가지로 생각해 보겠습니다.

1) 하나님이 함께하시는 삶

"만군의 하나님 여호와께서 함께 계시니 다윗이 점점 강성하여 가니라"(삼하 5:10).

점점 강성해지는 첫 번째 방법은 하나님과 함께하는 삶을 사는 것입니다.

하나님이 다윗과 함께하신 이유는 다윗이 하나님을 진심으로 사랑하고 순종하며 깊은 사귐 가운데 살았기 때문입니다. 다윗은 자신의 삶의 중심에 항상 하나님을 두었고, 왕이 된 이후에도 자신이 가진 모든 것이 하나님의 은혜임을 고백했습니다.

하나님은 "내가 이새의 아들 다윗을 만나니 내 마음에 맞는 사람이라 내 뜻을 다 이루리라"(행 13:22) 하시고, 다윗에게 기름 부으신 그 날부터 함께해 주셨습니다. 양을 치는 벌판에서도 함께하셨고, 골리앗을 향해 달려갈 때도 함께하셨고, 사울의 군사들을 피해 도망하던 광야에서도 함께하셨습니다. 다윗은 하나님 여호와께서 함께하심으로 점점 강성하여졌습니다.

하나님과 함께하는 삶은 기도하는 삶입니다.

기도는 하나님과의 소통 수단입니다. 하나님께 가장 먼저 구해야 할 것은 함께해 주시기를 간구하는 것입니다. 다윗은 "여호와여 나를 버리지 마소서 나의 하나님이여 나를 멀리하지 마소서"(시 38:21)라고 간구하였습니다. 기도를 통해 하나님의 뜻을 깨닫고, 자신의 삶을 점검하며 길을 묻고 찾아 함께 가려고 노력해야 합니다.

다윗은 "여호와는 나의 목자시니 내게 부족함이 없으리로다 그가 나를 푸른 풀밭에 누이시며 쉴 만한 물 가로 인도하시는도다 내 영혼을 소생시키시고 자기 이름을 위하여 의의 길로 인도하시는도다"(시 23:1-3)라고 하였습니다.

하나님과 함께하는 삶은 말씀에 순종하여 지키는 삶입니다.

하나님이 성전 건축을 마친 솔로몬에게 "네가 만일 네 아버지 다윗이 행함같이 마음을 온전히 하고 바르게 하여 내 앞에서 행하며 내가 네게 명령한 대로 온갖 일에 순종하여 내 법도와 율례를 지키면…네 이스라엘의 왕위를 영원히 견고하게 하려니와"(왕상 9:4-5)라고 하셨습니다. 다윗은 말씀에 순종하여 지키는 삶을 살았기 때문에 하나님께서 함께해 주셨습니다.

예수님께서는 "사람이 나를 사랑하면 내 말을 지키리니 내 아버지께서 그를 사랑하실 것이요 우리가 그에게 가서 거처를 그와 함께 하리라"(요 14:23)라고 하셨습니다.

하나님과 함께하는 삶은 전적으로 하나님을 의지하고 의뢰하는 삶입니다.

다윗은 그의 삶 전체에서 하나님을 철저하게 의지하고 의뢰하였습니다. 다윗은 전투에 나가기 앞서 자기의 판단대로 움직이지 않고 항상 하나님의 뜻을 묻고 응답에 따라 행동하였습니다. 이해할 수 없는 상황에서도 하나님을 신뢰하고, 그분의 계획이 선하심을 믿습니다. 다윗은 그가 맞이한 위기, 고난, 전쟁, 도피의 장소에서 자기의 힘으로 하지 않고 하나님의 능력과 인도하심을 의지했습니다.

"백성들아 시시로 그를 의지하고 그의 앞에 마음을 토하라 하나님은 우리의 피난처시로다"(시 62:8) 하였습니다. 골리앗 앞에서도 두려워하지 않고 "너는 칼과 창과 단창으로 내게 나아오거니와 나는 만군의 여호와의 이름 곧 네가 모욕하는 이스라엘 군대의 하나님의 이름으로 네게 나아가노라"(삼상 17:45)라고 말했습니다.

하나님과 함께하는 삶은 사명에 충실한 삶입니다.

다윗은 하나님이 하게 하시는 일에 최선을 다하는 모습을 보여주었습니다. 다윗의 삶을 지켜보았던 아들 솔로몬은 "여호와여 다윗을 위하여 그의 모든 겸손을 기억하소서 그가 여호와께 맹세하며 야곱의 전능자에게 서원하기를 내가 내 장막 집에 들어가지 아니하며 내 침상에 오르지 아니하고 내 눈으로 잠들게 하지 아니하며 내 눈꺼풀로 졸게 하지 아니하기를 여호와의 처소 곧 야곱의 전능자의 성막을 발견하기까지 하리라 하였나이다"(시 132:1-5)라고 다윗이 사명에 최선을 다하였던 모습을 보여줍니다.

하나님과 함께하는 삶은 하나님이 기뻐하시는 일을 행하는 삶입니다.

성경은 다윗이 온 이스라엘을 다스리면서 모든 백성에게 정의와 공의를 행했다고 기록하고 있습니다(삼하 8:15). 미가 선지자는 "여호와께서 네게 구하시는 것은 오직 정의를 행하며 인자를 사랑하며 겸손하게 네 하나님과 함께 행하는 것이 아니냐"(미 6:8)라고 하였는데 다윗은 하나님이 기뻐하시는 정의와 사랑과 겸손으로 백성을 다스렸습니다.

예수님은 "나를 보내신 이가 나와 함께하시도다 나는 항상 그가 기뻐하시는 일을 행하므로 나를 혼자 두지 아니하셨느니라"(요 8:29)라고 하셨습니다.

하나님과 함께하는 삶은 하나님의 거룩을 닮아가는 삶입니다.

다윗은 "우슬초로 나를 정결하게 하소서 내가 정하리이다 나의 죄를 씻어 주소서 내가 눈보다 희리이다, 하나님이여 내 속에 정한 마음을 창조하시고 내 안에 정직한 영을 새롭게 하소서"(시 51:7, 10)라고 기도합니다. 베드로 사도는 "오직 너희를 부르신 거룩한 이처럼 너희도 모든 행실에 거룩한 자가 되라"(벧전 1:15)라고 하였습니다.

하나님과 함께하는 삶은 하나님을 찾아 회복하는 삶입니다.

하나님을 멀리 떠난 자리에서라도 하나님은 부르짖는 자들에게 응답하십니다(렘 33:3). "네가 거기서 네 하나님 여호와를 찾게 되리니 만일 마음을 다하고 뜻을 다하여 그를 찾으면 만나리라"(신 4:29)라고 약속해 주셨습니다. 다윗은 범죄한 후에 하나님께로 나아가 하나님을 찾으며 진심으로 회개할 때 하나님과의 관계를 회복할 수 있었습니다.

하나님과 함께하는 삶은 찬양과 예배의 삶입니다.

다윗은 왕의 체면을 내려놓고 하나님 앞에서 춤추며 예배할 만큼 진실하게 하나님을 경배했습니다. 그는 다른 사람들의 시선보다 하나님 앞에서의 자신의 마음을 더 중요하게 여겼습니다. 다윗은 시편을 통해 하나님을 찬양하며 존귀와 영광을 하나님께 드렸습니다. 찬양과 예배의 삶을 살았던 다윗은 점점 강성해지는 은혜를 받았습니다.

2) 바른길을 걷는 삶

> "요담이 그의 하나님 여호와 앞에서 바른길을 걸었으므로 점점 강하여졌더라"(대하 27:6).

점점 강성해지는 두 번째 방법은 바른길을 걷는 삶을 사는 것입니다.

요담 왕은 하나님을 경외하는 마음과 겸손함으로 하나님 보시기에 정직하게 행한 왕(대하 27:2; 왕하 15:34)이었습니다. 성전을 보수하고 성을 견고히 하여 백성들의 신앙을 지키려고 노력하였습니다(대하 27:3). 그는 하나님 앞에 행위를 바르게 하며 바른길을 걸어 점점 강성하여졌습니다.

매일의 삶은 길을 찾는 선택의 순간들입니다. 지도자가 선택하는 길은 하나님의 공동체나 기업, 국가의 미래에 큰 영향을 미치게 됩니다. 순간의 선택이 아주 다른 방향으로 길을 가게 합니다.

아브라함의 종 엘리에셀은 이삭의 아내를 찾기 위해 밧단아람으로 길을 떠났습니다. 직선 거리로는 8백 킬로미터 정도이지만, 실제 여행거리는 1천 킬로미터 이상의 먼 거리를 낙타를 타고 이동합니다. 낙타의 여행 속도로 하루에 약 30킬로미터를 달려도 한 달 이상의 긴 여행이었습니다.

엘리에셀은 주인 아브라함의 친족 중에서 이삭의 아내를 찾기 위해 분명한 목적지를 향해 길을 가야 했습니다. 자칫 길을 잘못 선택하면 한없이 우회할 수도 있는 광야 길입니다.

밧단아람의 우물가에서 하나님이 선택한 처녀를 만나기 위해 기도하는 모습을 보면, 그는 그곳으로 가는 동안에도 하나님께 길을 물으며 도착한 것이 분명합니다.

밧단아람의 우물가에서 리브가를 만난 엘리에셀은 "내 주인 아브라함의 하나님 여호와께서 나를 바른길로 인도하사 나의 주인의 동생의 딸을 그의 아들을 위하여 택하게 하셨으므로 내가 머리를 숙여 그에게 경배하고 찬송하였나이다"(창 24:48)라고 바른길을 걷게 하신 하나님을 찬양하였습니다.

우리는 일상의 삶 속에서 바른길을 가기 위해 기도하는 삶을 살아야 합니다.

결정의 순간마다 하나님께 묻고 길을 가는 것입니다. 다윗은 전쟁에 나갈 때에는 그 전쟁에 나가야 할지 말아야 할지를 물었습니다. 성령의 인도하심을 받기 위해 기도해야 합니다.

"주는 나의 하나님이십니다. 주의 뜻을 행하도록 나를 가르치소서. 주의 성령은 선하신 분입니다. 나를 바른길로 인도하소서"(시 143:10, 현대인의 성경)라고 기도할 때 성령께서 우리의 길을 인도해 주십니다.

이사야 선지자는 "너희가 오른쪽으로 치우치든지 왼쪽으로 치우치든지 네 뒤에서 말소리가 네 귀에 들려 이르기를 이것이 바른길이니 너희는 이리로 가라 할 것이며"(사 30:21)라고 하였습니다.

바른길은 지름길을 의미하지 않습니다.

가기 쉬운 길, 안전한 길, 빠른 길, 넓은 길이 위대한 길이 아닙니다. 멀고 험하고 좁은 길이라도 바른길로 걸어야 합니다. 예수님은

"좁은 문으로 들어가라…생명으로 인도하는 문은 좁고 길이 협착하여 찾는 자가 적음이라"(마 7:13-14)라고 하셨습니다. 우리가 가려고 하는 위대한 길은 생명을 살리는 좁은 길입니다. 바른길을 걷는 삶은 진리, 정의, 사랑, 인내를 추구하는 길이며, 하나님의 뜻에 순종하며 살아가는 삶을 의미합니다.

바른길을 걷는 사람은 말과 행동에서 정직과 진리를 따르는 삶을 살아갑니다.

자신의 뜻보다는 하나님의 뜻을 우선합니다. 잠언 기자는 "너는 마음을 다하여 여호와를 신뢰하고 네 명철을 의지하지 말라 너는 범사에 그를 인정하라 그리하면 네 길을 지도하시리라"(잠 3:5-6)라고 하였습니다.

세상 유혹의 소리에 우왕좌왕하지 않고 인내와 절제된 삶으로 길을 걸어갑니다. 자신이 손해 보는 것 같아도 이웃과 공동체를 위해 헌신의 삶을 살게 됩니다.

동생 아벨에게 미움을 품고 있던 가인에게 하나님은 바른길을 택할 선택의 기회를 주셨습니다.

"네가 선을 행하면 어찌 낯을 들지 못하겠느냐 선을 행하지 아니하면 죄가 문에 엎드려 있느니라 죄가 너를 원하나 너는 죄를 다스릴지니라"(창 4:7)라고 선을 행할 것을 요청하였습니다. 그러나 가인은 바른길이 무엇인지 알지 못해 동생을 죽이는 죄의 길을 택했습니다.

가인이 가지 못했던 바른길에 대해 미가 선지자는 "여호와께서 네게 구하시는 것은 오직 정의를 행하며 인자를 사랑하며 겸손하게 네 하나님과 함께 행하는 것"(미 6:8)이라고 가르쳐 줍니다.

고난의 길, 멀고 험한 길이라도 하나님의 뜻을 위한 길이라는 분명한 소명의식이 있으면 갈 수 있습니다. 다윗은 "내가 완전한 길을 주목하오리니 주께서 어느 때나 내게 임하시겠나이까 내가 완전한 마음으로 내 집 안에서 행하리이다"(시 101:2)라고 기도하였습니다.

3) 손이 깨끗한 삶

"그러므로 의인은 그 길을 꾸준히 가고 손이 깨끗한 자는 점점 힘을 얻느니라"(욥 17:9).

점점 강성해지는 세 번째 방법은 손이 깨끗한 삶을 사는 것입니다.

손이 깨끗한 삶은 도덕적 순결함과 행동의 정직성을 의미합니다. 단순히 외적인 행동만을 말하는 것이 아니라, 하나님 앞에서 정직하고 죄 없는 삶을 살려는 내적 태도와 실제 삶의 모습을 모두 포함합니다. 성경에서 깨끗한 손과 정결한 마음은 하나님 앞에 나아갈 수 있는 조건으로 언급됩니다.

"여호와의 산에 오를 자가 누구며 그의 거룩한 곳에 설 자가 누구인가 곧 손이 깨끗하며 마음이 청결하며 뜻을 허탄한 데에 두지 아니하며 거짓 맹세하지 아니하는 자로다"(시 24:3-4).

손은 인간의 행동과 행위를 상징합니다. 손이 깨끗하다는 것은 부정한 행동, 불의, 폭력, 탐욕으로부터 벗어난 삶을 뜻합니다. 사람을 해치지 않고, 속이지 않고, 의로운 방법으로 살아가는 것입니다. 세상 사람들이 행하는 뇌물 수수, 부당 이익, 거짓말과 사기 등에서 자유로운 삶입니다.

손이 깨끗한 삶은 정당한 방법으로 돈을 벌고 사용하는 것입니다. 불법, 불의한 행위를 멀리하고, 거짓, 조작, 음모 없이 살아가는 삶입니다.

선교지에서는 공무원들이 부정부패로 사사건건 뇌물을 요구하며 일을 지연시킴으로 어려움을 겪을 때가 있습니다. 한국은 시민의식이 높아져서 깨끗한 나라로 변해가고 있지만, 일부 부패한 지도자들의 일탈로 엄청난 사건들을 경험합니다. 기독교인이라고 알려진 인사들에 의해 이런 일이 자행될 때는 참으로 안타깝습니다.

세례 요한은 광야에서 회개에 합당한 열매를 맺으라고 강조하며, 세리들은 부과된 것 외에는 거두지 말라고 하였고, 군인들은 사람들에게 강탈하지 말고 거짓으로 고발하지 말고 급료를 족한 줄로 알라고 하였습니다(눅 3:7-14).

하나님은 깨끗한 손을 가진 자들이 행하는 모든 일을 축복하십니다.

신명기에서는 "네 궁핍한 형제를 악한 눈으로 바라보며 아무것도 주지 아니하면 그가 너를 여호와께 호소하리니 그것이 네게 죄가 되리라 너는 반드시 그에게 줄 것이요, 줄 때에는 아끼는 마음을 품지 말 것이니라 이로 말미암아 네 하나님 여호와께서 네가 하는 모든 일과 네 손이 닿는 모든 일에 네게 복을 주시리라"(신 15:9-10)라고 하였습니다.

세상은 손에 피를 묻혀서라도 복을 쟁취하려고 합니다. 그런 방식으로 어느 정도의 복을 얻을 수는 있겠지만 그것은 복이 아닌 재앙입니다. 복은 하나님으로부터 오는 것입니다. 하나님은 깨끗한 손으로 행하는 모든 일에 복을 주겠다고 약속하셨습니다.

더러운 손으로 이득을 취하기보다 적은 것이라도 정직하게 일해서 수입을 얻어야 합니다. 사도 바울은 "도둑질하는 자는 다시 도둑질하지 말고 돌이켜 가난한 자에게 구제할 수 있도록 자기 손으로 수고하여 선한 일을 하라"(엡 4:28)라고 하였습니다. 잠언서에서는 "망령되이 얻은 재물은 줄어가고 손으로 모은 것은 늘어가느니라"(잠 13:11)라고 교훈합니다.

손이 깨끗한 삶은 손을 들어 기도하는 삶입니다.
사도 바울은 디모데전서에서 "그러므로 각처에서 남자들이 분노와 다툼이 없이 거룩한 손을 들어 기도하기를 원하노라"(딤전 2:8)라고 하였습니다.

손을 들어 기도하는 것은 하나님을 향한 전적인 의존을 표하는 것입니다. 내 힘을 의지하는 교만을 내려놓고 하나님께 도움을 구하는 것입니다. 항복하는 것처럼 손을 든다는 것은 내 뜻이 아니라 하나님의 뜻에 따르겠다는 표현이며, 하나님을 높이고 경배하는 것입니다.

하나님의 공동체에서는 거룩한 손을 들고 하나님을 전적으로 의지하는 기도가 있어야 합니다.

내 손의 힘으로 문제를 해결하려다가 공동체에 어려움이 발생하기도 합니다. 부르심을 받은 자라면 힘써 자기 손으로 일하고, 그 거룩한 손을 들고 하나님께 간구할 때 하나님께서 손에 힘을 주실 것입니다.

> "의인은 그 길을 꾸준히 가고 손이 깨끗한 자는 점점 힘을 얻느니라"(욥 17:9).

하나님은 비전을 주신 사람들이 하나님과 함께하며 바른길을 걸으며 깨끗한 손으로 힘써 일하기를 원하십니다. 점점 강성하여지는 복을 누릴 방법이기 때문입니다.

성취가 더딘 것 같아도 점점, 조금씩 조금씩 강성하여지는 것이 하나님의 은혜입니다. 먼 길을 지나 모든 비전을 성취하고 뒤돌아보면, 하나님이 함께하셨다는 것을 고백할 수 있게 됩니다.

조급함으로 단시간에 성공을 쥐려고 하기보다, 하나님의 시간을 기다리고 인내하며 하루하루 최선을 다하는 삶이어야 합니다.

2.
겸손한 리더가 되라!

"여호와여 내 마음이 교만하지 아니하고 내 눈이 오만하지 아니하오며 내가 큰 일과 감당하지 못할 놀라운 일을 하려고 힘쓰지 아니하나이다 실로 내가 내 영혼으로 고요하고 평온하게 하기를 젖 뗀 아이가 그의 어머니 품에 있음 같게 하였나니 내 영혼이 젖 뗀 아이와 같도다 이스라엘아 지금부터 영원까지 여호와를 바랄지어다"(시편 131:1-3)

다윗은 이스라엘의 가장 위대한 지도자로 인정받은 위대한 왕이었습니다. 다윗의 위대성과 리더십은 그가 하나님 중심의 삶을 살았으며, 인간 관계에서도 극한의 인내심으로 용서와 화합을 이루어낸 지도자였기 때문입니다. 그는 그에게 맡겨진 사명을 감당함에 있어서 겸손한 리더십으로 이스라엘을 이끌었습니다.

1) 겸손한 리더십

성경 본문에서 다윗은 "여호와여 내 마음이 교만하지 아니하고 내 눈이 오만하지 아니하오며"라고 고백합니다.

'교만'(גָּבַהּ-gābāhh)이라는 말은 본래 '높다'는 뜻에서 파생되어, 스스로를 높이는 자만심을 의미합니다. 내적인 태도에 초점을 두며, 자기가 다른 사람이나 하나님보다 우월하다고 생각하는 마음 상태를 나타냅니다. 겉으로는 자신감처럼 보일 수 있지만 본질적으로는 자기중심적이며 하나님을 의지하지 않는 마음 상태입니다.

'오만'(רָהַב-rāhav)이라는 단어는 '거칠게 행동하다, 압도하다'라는 뜻에서 발전하여, 외적으로 드러나는 오만한 행동을 의미합니다. 자기 과시적이고 공격적인 태도를 포함하며, 타인을 억누르거나 무시하는 태도와 관련됩니다.

다윗 왕은 자신이 교만하지 않고 오만하지도 않았다고 합니다. 다시 말하면 다윗은 '겸손하고 온유한' 마음을 가진 지도자였던 것입니다.

예수님도 "나는 마음이 온유하고 겸손하니 나의 멍에를 메고 내게 배우라 그리하면 너희 마음이 쉼을 얻으리니"(마 11:29)라고 말씀하셨습니다.

이스라엘을 세운 모세는 "온유함이 지면의 모든 사람보다 더하더라"(민 12:3)라고 하였습니다.

위대한 지도자들의 공통점은 겸손하고 온유한 사람들이었다는 것입니다.

다윗의 겸손한 리더십에 대하여 생각해 보려고 합니다. 겸손은 어떻게 행동으로 나타나는지 세 가지로 생각해 보았습니다.

(1) 겸손은 자기를 낮추고 복종하는 태도입니다.

> "너희 안에 이 마음을 품으라 곧 그리스도 예수의 마음이니…
> 자기를 낮추시고 죽기까지 복종하셨으니"(빌 2:5-8).

복종하는 태도는 성경적 삶과 리더십, 그리고 하나님과의 관계에서 매우 중요한 덕목입니다. 복종은 단순히 억지로 따르는 것이 아니라 믿음과 존중에서 나오는 자발적인 순종이며, 하나님의 질서와 뜻에 기꺼이 따르는 자세입니다. 자기 자신을 낮추고 부르심에 복종하는 것입니다.

예수님은 인류를 죄로부터 구원하기 위하여 십자가에 달려 죽기까지 복종하셨습니다.

각자의 부르심이 무엇이든지 다른 사람의 부르심과 비교하지 않고, 그 부르심에 복종하는 것입니다. 낮은 자리, 고통의 자리, 외로운 길이라도 하나님의 부르심에 복종하는 것이 겸손입니다.

교만한 사람은 자기 생각과 뜻을 우선하기 때문에 하나님의 뜻에 쉽게 복종하지 못합니다. 겸손한 사람만이 하나님의 뜻이 옳다는 자세로 복종할 수 있습니다.

복종은 겸손이 외적으로 나타나는 구체적인 행동입니다.

겸손이 내면의 태도라면 복종은 그것을 실천하는 외적인 행동입니다. 겸손한 마음이 있을 때 하나님의 말씀, 교회의 가르침, 부모나 지도자의 권위에 자연스럽게 복종하게 됩니다.

반대로 복종은 훈련을 통해 겸손을 더욱 깊게 만듭니다. 복종의 과정을 통해 점점 더 자신을 낮추는 법을 배우며 신앙과 인격의 성숙을 이루게 됩니다. 겸손이 없는 복종은 외식이고, 복종이 없는 겸손은 진정성이 없는 가식일 뿐입니다.

겸손함으로 무장해야 복종할 수가 있는 것입니다. 부유함과 권력과 명예가 아닌, 가난하고 낮고 비천한 자리, 내가 원치 않는 부르심이라도 겸손한 마음으로 복종하는 사람을 통해 위대한 일을 이루시는 것입니다.

위대한 일이 이 땅에 성취되면 겸손한 사람만이 하나님께 영광을 돌립니다. 그래서 하나님은 자기 의로 가득 찬 사람, 자신이 가장 잘났다고 생각하는 사람, 모든 것을 가진 자라고 생각하는 사람을 부르시지 않습니다. "나는 아무것도 아닙니다. 하나님만이 전부이십니다"라는 겸손한 고백으로 살아가는 사람들에게 하나님의 능력을 온전히 담을 수 있게 하십니다.

사도 바울은 "이는 심히 큰 능력은 하나님께 있고 우리에게 있지 아니함을 알게 하려 함이라"(고후 4:7)라고 하였습니다. 겸손은 큰 능력이 하나님께 있고 우리에게 있지 않음을 고백하는 것입니다.

(2) 겸손은 최선의 삶을 사는 태도입니다.

> "여호와여 다윗을 위하여 그의 모든 겸손을 기억하소서 그가 여호와께 맹세하며 야곱의 전능자에게 서원하기를 내가 내 장막 집에 들어가지 아니하며 내 침상에 오르지 아니하고 내 눈으로 잠들게 하지 아니하며 내 눈꺼풀로 졸게 하지 아니하기를 여호와의 처소 곧 야곱의 전능자의 성막을 발견하기까지 하리라 하였나이다"(시 132:1-5).

겸손한 사람은 최선을 다하는 삶을 살아갑니다. 하나님의 뜻을 이 땅에 이루기 위하여 최선의 삶을 사는 것입니다. 다윗 왕은 하나님의 뜻을 이루기 위하여 "내 장막 집에 들어가지 아니하며 내 침상에 오르지 아니하고 내 눈으로 잠들게 하지 아니하며 내 눈꺼풀로 졸게 하지 아니하기를 여호와의 처소 곧 야곱의 전능자의 성막을 발견하기까지 하리라"는 각오로 최선을 다하는 삶을 살았습니다.

최선을 다하는 삶은 단순한 노력이나 열심 그 이상입니다. 마음을 다하고 뜻을 다하고 힘을 다하여 하나님을 사랑하는 것입니다(신

6:5). 최선은 단지 열심히 일하는 것이 아니라, 하나님을 가장 사랑하는 것에서 시작됩니다. 하나님 사랑이 삶의 중심이 될 때, 모든 삶의 방향과 태도가 정립됩니다.

최선의 삶의 자세는 주께 하듯 하는 자세입니다. 사도 바울은 "무슨 일을 하든지 마음을 다하여 주께 하듯 하고 사람에게 하듯 하지 말라"(골 3:23)라고 하였습니다. 일터, 공부, 봉사, 사역 등 모든 영역에서 하나님께 드리듯 정직하고 충성된 태도로 임하는 것이 진짜 최선입니다.

최선의 삶은 게으름 없이 부지런하게 사는 것입니다. 잠언서는 "게으른 자는 마음으로 원하여도 얻지 못하나 부지런한 자의 마음은 풍족함을 얻느니라"(잠 13:4)라고 하였습니다. 사도 바울도 "부지런하여 게으르지 말고 열심을 품고 주를 섬기라"(롬 12:11)라고 하였습니다. 하나님께 받은 시간과 재능을 헛되이 흘려보내지 않는 것이 최선입니다. 내일이 아니라 오늘을 충성되게 사는 자세가 성경적 삶입니다.

최선의 삶은 맡은 바 사명을 성실히 감당하는 것입니다. 사도 바울은 "맡은 자들에게 구할 것은 충성이니라"(고전 4:2)라고 하였습니다. 하나님은 크고 화려한 결과보다, 맡은 일을 성실히 수행하는 충성을 귀히 여기십니다. 사소한 일에도 신실할 때, 하나님은 더 큰 일을 맡기십니다(마 25:21).

(3) 겸손은 타인을 높이는 태도입니다.

"아무 일에든지 다툼이나 허영으로 하지 말고 오직 겸손한 마음으로 각각 자기보다 남을 낫게 여기고"(빌 2:3).

겸손은 자기보다 남을 낫게 여기는 자세입니다.
남을 나보다 낫게 여기는 것은 그를 존중하고 높이는 태도로 참된 겸손과 사랑의 실천입니다. 공동체 안에서 하나됨과 서로 존중하는 문화를 이루는 핵심 요소입니다. 하나님께서 기뻐하시는 성품이며, 예수 그리스도의 삶 속에서 완벽하게 드러나 있습니다.
남을 나보다 낫게 여기는 겸손은 겉으로 칭찬하거나 예의를 갖추는 수준을 넘어서, 그 사람의 가치를 인정하고, 진심으로 존중하고 섬기는 자세를 말합니다.

겸손은 자기 중심의 사고를 내려놓고, 상대를 귀하게 여기며 섬기는 태도를 요구합니다. 비교하거나 경쟁하기보다, 상대의 은사와 가치를 인정하는 마음이 필요합니다.
예수님은 "나는 섬기는 자로 너희 중에 있노라"(눅 22:27)라고 하시며, 제자들의 발을 씻기는 섬김의 모습을 보여주셨습니다(요 13:14). 예수님이 그러신 것처럼 겸손은 자신을 낮추고 섬기는 자리로 내려가는 것입니다.

사랑하는 마음이 있어야 타인을 높여 줄 수 있습니다. 사랑은 자랑하지 아니하며 교만하지 아니하며, 무례히 행하지 않습니다(고전 13:4-5). 진정한 사랑은 상대를 높이기 위해 자신을 낮추는 행동입니다. 비판이나 비교가 아니라, 격려와 배려로 세우는 태도가 곧 사랑이며 겸손입니다.

지금 한국사회는 극도의 혼란 속에 있습니다. 정치계, 종교계 모든 분야에서 분열되어 서로를 비난하는 깊은 병에 걸려 있습니다. 이러한 혼란을 극복할 수 있는 길은 나와 다름을 인정하는 마음과 눈을 열어야 합니다. 깨닫는 마음, 보는 눈, 듣는 귀를 가질 때 상대방을 알고 이해하며 남을 나보다 낫게 여기는 자리로 나아갈 수 있습니다.

타인을 칭찬하고 축복하는 것은 그에 대한 최고의 존중의 표현입니다. 진심 어린 칭찬은 상대의 가치를 인정하고 높이는 힘이 있습니다. 내 권리를 포기하고 상대를 우선시함은 사랑과 존중의 행동입니다. 성공을 자신에게 돌리지 않고 동료나 하나님께 돌리는 태도는 겸손한 리더의 자세입니다. 남을 위한 축복은 그를 하나님 앞에서 높이는 최고의 행위입니다.

하나님은 교만한 자를 낮추시고, 겸손한 자를 높이십니다(약 4:6). 타인을 높일 때 공동체 안에 갈등보다 존중과 연합이 생깁니다. 세상 속에서 크리스천은 존중과 섬김의 문화를 세워가야 합니다.

2) 하게 하시는 일

"내가 큰 일과 감당하지 못할 놀라운 일을 하려고 힘쓰지 아니하나이다"(시 131:1).

위대한 지도자였던 다윗은 분열되었던 이스라엘을 통합하고 주변의 적들을 물리치는 위업을 이룩하였습니다. 그러나 그는 "내가 큰 일과 감당하지 못할 놀라운 일을 하려고 힘쓰지 아니하나이다"라고 고백합니다.

인간의 한계를 넘어서는 큰 일, 즉 하나님만이 하실 수 있는 놀라운 일을 자신의 힘으로 하려고 시도하지 않았다는 말입니다. 이런 큰 일과 놀라운 일은 사람의 힘으로 하는 것이 아니라 하나님의 능력으로 이루어진다는, 겸손한 리더십을 가진 지도자만이 고백할 수 있는 말입니다.

자기의 힘으로 큰 일과 놀라운 일을 행하려고 시도했던 좋은 예가 바벨탑 사건입니다(창 11:1-9).

세상 모든 사람이 같은 말을 사용하며 하나가 되어 살고 있었습니다. 그들은 시날 땅에 모여 도시를 세우고 하늘에 닿는 바벨탑을 만들기로 결심합니다. 자기 이름을 내고, 온 지면에 흩어지지 않으려는 이유였습니다. 그러나 바벨탑은 하루에 무너지고 말았습니다.

지도자들이 자기의 이름을 내려는 욕망으로, 유창한 말과 선동으로 사람을 모아서 큰 일을 성취하여 자기의 영광을 삼으려다가 공동체와 국가가 어려움에 빠지는 경우가 많습니다.

모세의 성급한 태도에서도 교훈을 얻어야 하겠습니다. 모세는 바로의 궁궐에서 공주의 아들로 성장하며 군사, 경제, 정치, 문화 등 모든 면에서 한 나라를 이끌어갈 만한 지도자로 성장하였습니다. 그는 하나님이 이스라엘 백성을 구하는 놀라운 일을 그의 손으로 이루실 것이라고 생각하여 백성들을 만나러 나갔습니다.

애굽 사람이 히브리 사람을 때리는 모습을 보고 그 애굽 사람을 쳐 죽이고 모래에 묻어 버렸습니다. 다음 날에는 동족 간에 싸우는 모습을 보고 말리는데 "누가 너를 우리를 다스리는 자와 재판관으로 삼았느냐 네가 애굽 사람을 죽인 것처럼 나도 죽이려느냐"(출 2:14)라는 충격적인 말을 듣고 바로의 눈을 피해 미디안 광야의 목동이 되었습니다.

모세는 "그의 형제들이 하나님께서 자기의 손을 통하여 구원해 주시는 것을 깨달으리라"(행 7:25)라고 생각하였습니다. 그러나 하나님은 모세의 그 성급한 피 묻은 손으로 이스라엘을 구원하지 않으셨습니다.

이브라함과 하갈의 이야기(창 16장)도 마찬가지입니다. 하나님의 때를 기다리지 못하고 인간의 방법, 사라의 권유로 하갈을 첩으로 두고 이스마엘을 낳음으로 그 비극적인 대립이 오늘날까지 이르고 있습니다.

하나님의 사람들은 하나님이 하게 하시는 일을 행해야 합니다. 우리가 감당할 수 없는 큰 일이라도 하게 하시는 일을 할 때 하나님이 능력으로 그 일을 성취하게 하십니다. 겸손한 마음으로 하나님의 때를 기다리며 순종할 때 하나님의 능력을 얻게 되는 것입니다.

하나님은 죄악으로 가득한 이 땅에서 모든 사람과 생물을 쓸어버리기로 결정하셨습니다. 그러나 당대의 의인이었던 노아와 그 가족을 살려두기 위하여 방주를 만들라고 하셨습니다.

길이 3백 규빗(약 135미터), 너비 50규빗(약 23미터), 높이 30규빗(약 14미터)의 삼층 방주를 짓는 일이었습니다. 당시의 장비와 기술로는 불가능한 일입니다. 그러나 노아는 백 년이라는 긴 세월을 인내함으로 방주 건조라는 위대한 일을 성취하였습니다. 하나님이 하게 하신 일이었기 때문입니다.

모세는 광야에서 40년간 장인의 양치기로 살다가 나이 80세가 되어 하나님의 부르심을 받았습니다. 호렙산 불타는 떨기나무 가운데서 모세를 부르신 하나님은 그에게 놀라운 비전을 주셨습니다. 바로의 궁궐에서 교육받고 말과 행함에 능해서 자기의 손으로 이스라엘을 구원하겠다던 패기는 사라진 지 오래입니다. 하나님은 가장 연약한 자리에 있는 모세를 불러 위대한 일을 성취케 하셨습니다. 하나님이 하게 하신 일이기 때문입니다.

"죽으면 죽으리라"는 결단으로 하나님의 부르심에 따랐던 에스더는 대량학살로부터 유대인을 구원하는 놀라운 큰 일을 감당하였습니다. 페르시아 왕 아하수에로의 대신이었던 하만의 음모로부터 자기 백성을 구한 이 큰 일은 민족 전체를 구원한 믿음과 용기의 역사입니다.

처녀 마리아는 "보라 네가 잉태하여 아들을 낳으리니 그 이름을 예수라 하라"(눅 1:31)라는 천사의 말을 듣고 "주의 여종이오니 말씀대로 내게 이루어지이다"(눅 1:38)라는 대답으로 그 불가능한 일을 이루었습니다.

위대한 일, 큰 일과 감당하지 못할 놀라운 일은 사람이 목표를 정하여 사람의 힘으로 감당하는 것이 아닙니다. 하나님의 비전을 믿음으로 행하는 사람들에 의해서 이 땅에 실현되는 것입니다.

세상 사람들에게 이름을 내고 유명해지려는 일, 내 손의 능력을 자랑하는 일, 성급하게 인간의 방법으로 추진하는 일, 교만한 마음으로 행하는 일은 이 땅에 서지 못합니다.

하나님이 하게 하시는 일을 행할 때 크고 놀라운 위대한 일이 믿음의 능력으로 이루어집니다.

3) 영혼의 고요함과 평안함

겸손한 왕이었던 다윗은 "실로 내가 내 영혼으로 고요하고 평온하게 하기를 젖뗀 아이가 그의 어머니 품에 있음 같게 하였나니 내 영혼이 젖뗀 아이와 같도다"(시 131:2)라고 고백합니다.

영혼의 고요함은 외적인 혼란이나 감정의 동요 속에서도 하나님 안에 조용히 머무는 상태입니다. 완전한 신뢰와 의탁의 상태를 나타냅니다. 하나님 품 안에서 '젖뗀 아이'처럼 요동하지 않는 고요한 영혼입니다.

영혼의 평안함이란 죄책감, 두려움, 불안에서 벗어나 하나님의 은혜와 용서 속에 누리는 안식입니다. 주님만이 주실 수 있는 평안입니다. "평안을 너희에게 끼치노니 곧 나의 평안을 너희에게 주노라… 너희는 마음에 근심하지도 말고 두려워하지도 말라"(요 14:27)라고 하셨습니다. 예수님이 주시는 평안은 세상이 줄 수 없는 것, 즉 내적이고 영적인 평화입니다.

하나님이 맡겨 주신 큰 일을 감당하려면 많은 어려움을 경험하게 됩니다.

요셉과 같이 억울한 누명으로 쓰고 죄 없이 감옥에 갇히는 경우도 있습니다. 모세와 같이 광야로 도피하여 절망 가운데 살아야 하는 시절도 있습니다. 모세는 출애굽하여 광야를 방황하는 수백만 명의 백성들이 원망을 쏟아내며 권위에 도전하는 곤경에 처하기도 하였습니다. 다윗과 같이 하나님의 음성은 분명한데 고난만 계속되는 경우도 있습니다. 느헤미야와 같이 산발랏과 같은 세력이 일어나 길을 막아서기도 합니다. 어제의 동역자가 오늘의 적이 되기도 합니다. 재정의 공급은 중단되고 빚 독촉에 시달리기도 합니다.

어떤 어려운 환경에서도 리더의 영혼은 젖뗀 아이가 어머니 품에 있는 것처럼 고요하고 평온해야 합니다.

지도자에게는 흔들리지 않는 믿음이 있어야 합니다. 하나님의 부르심에 대한 확신과 함께하심에 대한 믿음입니다. 사람들이 지도자를 향해 원망하고 불평하더라도 그들을 품는 여유와 사랑이 있어야 합니다. 모든 것이 리더의 책임이라는 책임감으로 남을 감싸야 합니다.

지도자는 분주함 속에서도 목표를 바라보는 시선의 중심을 잃지 않아야 합니다. 어려움이 닥쳤을 때 세상의 소리에 집중하기보다는 하나님 음성에 민감해져야 합니다. 겸손한 리더의 영혼은 고요하고 평안해야 합니다.

이스라엘 백성이 마라에 도착했을 때 물이 써서 마실 수 없었습니다. 사람들은 모세를 원망하며 소리쳤습니다. 그러나 모세는 고요하고 평안한 마음으로 하나님께 기도하였습니다. 그런 모세에게 하나님은 쓴물을 단물로 변화시키는 방법을 알게 하신 것입니다.

4) 지금부터 영원까지 여호와를 바랄지어다

다윗 왕은 하나님만이 하실 수 있는 큰 일, 놀라운 일을 하려고 애쓰지 않았습니다. 모든 것을 하나님께 의지하고 그의 영혼을 어머니 품에 안긴 젖뗀 아이와 같이 고요하고 평안하게 하였습니다.

그런 다윗 왕은 "지금부터 영원까지 여호와를 바랄지어다"라고 말합니다. '바라다'라는 단어는 단순히 원하거나 기대한다는 것보다 더 깊은 의미를 담고 있습니다.

본문에서 '바라다'로 번역된 단어는 히브리어 '야할'(יחל)입니다. 참고 기다리다, 희망을 품고 기대하다, 끊임없이 신뢰하다, 시간이 걸리더라도 포기하지 않는다는 뜻을 갖고 있습니다.

쉽게 포기하지 않고 끝까지 믿고 기다리는 태도를 의미합니다. 단순히 뭐가 잘되면 좋겠다는 소극적 바람이 아니라, 하나님을 믿고 의지하며 기다리는 행동입니다.

'바라다'는 믿음과 인내가 결합된 상태를 말합니다. 믿음은 하나님이 약속하신 것을 반드시 이루실 분이라는 확신이며, 인내는 그 약속이 당장 이루어지지 않아도 포기하지 않고 기다리는 것을 말합니다. 성경에는 믿음과 인내의 기다림으로 위대한 일을 이룬 사람들의 이야기가 많습니다.

아브라함은 "내가 네게 큰 복을 주고 네 씨가 크게 번성하여 하늘의 별과 같고 바닷가의 모래와 같게 하리니 네 씨가 그 대적의 성문을 차지하리라"(창 22:17)라는 말씀을 믿었습니다.

아브라함은 "믿음으로 그가 이방의 땅에 있는 것같이 약속의 땅에 거류하여 동일한 약속을 유업으로 함께 받은 이삭 및 야곱과 더불어 장막에 거하였으니 이는 그가 하나님이 계획하시고 지으실 터가 있는 성을 바랐음이라"(히 11:9-10)라는 말씀과 같이 기다림의 삶을 살았습니다.

다윗 왕도 믿음과 기다림의 사람이었습니다. 다윗은 "내가 여호와를 기다리고 기다렸더니 귀를 기울이사 나의 부르짖음을 들으셨도다"(시 40:1)라고 고백하였습니다. 그는 사울 왕으로부터 생명의 위협을 받는 망명자로 광야에서 살면서도 하나님의 동행하심을 믿고 기다림의 시간을 보냈습니다.

요셉도 믿음과 기다림의 사람이었습니다. 형들의 미움을 받아 애굽에 노예로 팔려간 자리에서도 하나님의 함께하심을 믿고 오랜 기다림 끝에 애굽의 총리가 되었고, 온 가족을 애굽으로 이주하게 하였습니다. 요셉은 이스라엘 자손이 애굽에서 하늘의 별과 같이, 바닷가의 모래와 같이 번성하는 터전을 만든 사람입니다.

사도 바울은 "우리가 소망으로 구원을 얻었으매 보이는 소망이 소망이 아니니 보는 것을 누가 바라리요 만일 우리가 보지 못하는 것을 바라면 참음으로 기다릴지니라"(롬 8:24-25)라고 하였습니다.

3.
일어나 바로 서라!

"환난 날에 여호와께서 네게 응답하시고 야곱의 하나님의 이름이 너를 높이 드시며 성소에서 너를 도와주시고 시온에서 너를 붙드시며 네 모든 소제를 기억하시며 네 번제를 받아주시기를 원하노라 (셀라) 네 마음의 소원대로 허락하시고 네 모든 계획을 이루어 주시기를 원하노라 우리가 너의 승리로 말미암아 개가를 부르며 우리 하나님의 이름으로 우리의 깃발을 세우리니 여호와께서 네 모든 기도를 이루어 주시기를 원하노라 여호와께서 자기에게 기름 부음 받은 자를 구원하시는 줄 이제 내가 아노니 그의 오른손의 구원하는 힘으로 그의 거룩한 하늘에서 그에게 응답하시리로다 어떤 사람은 병거, 어떤 사람은 말을 의지하나 우리는 여호와 우리 하나님의 이름을 자랑하리로다 그들은 비틀거리며 엎드러지고 우리는 일어나 바로 서도다 여호와여 왕을 구원하소서 우리가 부를 때에 우리에게 응답하소서"(시편 20:1-9)

"우리가 사방으로 욱여쌈을 당하여도 싸이지 아니하며 답답한 일을 당하여도 낙심하지 아니하며 박해를 받아도 버린 바 되지 아니하며 거꾸러뜨림을 당하여도 망하지 아니하고"(고후 4:8-9)라고 한 바울 사도의 고백을 나의 고백으로 사역하고 있습니다.

사도 바울이 이런 믿음을 가질 수 있었던 것은 "어두운 데에 빛이 비치라 말씀하셨던 그 하나님께서 예수 그리스도의 얼굴에 있는 하나님의 영광을 아는 빛을 우리 마음에 비추셨느니라 우리가 이 보배를 질그릇에 가졌으니 이는 심히 큰 능력은 하나님께 있고 우리에게 있지 아니함을 알게 하려 함이라"(고후 4:6-7)라는 믿음이 있었기 때문입니다.

벼랑 끝에 있는 것과 같은 위기감과 답답한 상황에서 사역하는 제 마음에 시편 20편의 말씀이 "하나님의 영광을 아는 빛"으로 비쳐졌습니다. 매일 암송하며 기도하는 말씀이어서 여러분과 나누려고 합니다.

시편 20편은 다윗 왕이 전쟁을 앞두고 하나님께 승리를 간구하며, 온 백성이 함께 왕을 위해 기도하는 출정시입니다. 국가적 위기, 전쟁이라는 집단적 환난을 배경으로 하고 있습니다. 다윗이 약속의 땅을 완전히 정복하고자 중대한 전투를 앞두고 기록한 것입니다. 왕이 시온의 성전에서 제사를 드릴 때, 백성들이 함께 왕의 승리와 안전을 위해 중보기도를 드리는 장면입니다. 1-5절은 백성의 간구, 6-8절은 왕의 확신, 9절은 백성의 마지막 기도로 구성되어 있습니다.

1. "환난 날에 여호와께서 네게 응답하시고 야곱의 하나님의 이름이 너를 높이 드시며"(1절).

성경은 고난 없는 삶을 약속하지 않습니다. 하나님의 위대한 사명을 받은 사람에게 고난은 필수적인 과정입니다. 그러나 고난의 날에 하나님은 우리의 기도를 들으시고 응답하신다고 말합니다. 환난 날, 고난의 날은 하나님의 능력이 우리의 삶의 현장에 더욱 분명히 드러나는 시간입니다.

하나님은 기도에 응답하십니다. 개인의 기도뿐 아니라, 공동체가 누군가를 위해 기도하면 하나님은 반드시 응답하십니다. 다윗과 함께하신 그 역사적인 하나님은 오늘도 우리의 기도를 들으십니다. 아브라함의 기도를 들으신 하나님, 이삭의 기도에 응답하신 하나님, 야곱을 인도하신 하나님은 오늘도 환난 날에 부르짖는 기도를 들으십니다.

'높이 든다'는 표현은 단순히 승진을 의미하는 것이 아니라 고난에서 구출하고, 존귀하게 하며, 영적으로 회복시키는 은혜를 뜻합니다. 하나님은 환난에서 우리를 건지시고, 우리를 높이 드시는 분입니다. 고난의 날에도 우리의 기도에 응답하시고, 하나님의 이름으로 우리를 들어올려 건져 주시는 것입니다.

사도 바울은 "형제들아 우리가 아시아에서 당한 환난을 너희가 모르기를 원하지 아니하노니 힘에 겹도록 심한 고난을 당하여 살 소망까지 끊어지고 우리는 우리 자신이 사형 선고를 받은 줄 알았으니 이는 우리로 자기를 의지하지 말고 오직 죽은 자를 다시 살리시는 하나님만 의지하게 하심이라 그가 이같이 큰 사망에서 우리를 건지셨고 또 건지실 것이며 이후에도 건지시기를 그에게 바라노라"(고후 1:8-10)라고 하였습니다.

하나님의 기도 응답은 과거, 현재에 그치지 않고, 미래의 고난 중에도 여전히 우리를 건져주십니다.

히스기야 왕에게 고난의 날이 찾아왔습니다. 앗수르가 사마리아를 함락하고 이스라엘 사람들이 포로로 잡혀갔습니다. 그리고 수년 후에 앗수르의 산헤립이 대군을 이끌고 예루살렘 성을 포위하는 위기를 만났습니다.

대항할 힘이 없었던 히스기야 왕은 백성들뿐 아니라 영적 지도자였던 이사야 선지자에게 기도를 부탁하였습니다. 그리고 자신은 성전에 들어가 하나님과 이스라엘을 조롱하는 산헤립이 보낸 모욕적인 편지를 펴 놓고 도움을 요청하는 간절한 기도를 드렸습니다.

하나님은 히스기야 왕의 기도를 들으셨습니다. 그 밤에 앗수르의 18만 5천 명을 전멸시키고 이스라엘을 구하시고 승리를 안겨주셨습니다(왕하 18-19장).

2. "성소에서 너를 도와주시고 시온에서 너를 붙드시며"(2절).

성소는 하나님이 임재하시는 거룩한 장소입니다. 구약시대에는 이스라엘 백성들이 성소에서 하나님께 예배드리고, 하나님의 도움을 간구했습니다. 오늘날 우리에게 성소는 예수 그리스도를 통해 언제 어디서나 하나님께 나아갈 수 있는 특권을 의미합니다.

주님을 영접한 사람들의 마음이 성소입니다. 하나님은 간절히 기도하는 사람의 기도에 즉각적이며 인격적인 응답을 주십니다. 우리의 연약함을 아시고, 우리의 눈물을 보시며, 가장 적절한 때에 가장 좋은 방법으로 도와주십니다. 우리가 할 일은 오직 하나님께 나아가 도움을 구하는 것입니다.

우리가 앉아 기도하는 자리가 하나님이 임재하신 성소입니다. 우리가 간절한 마음으로 기도할 때 이미 하나님의 도우심은 시작됩니다.
다윗은 "우리의 도움은 천지를 지으신 여호와의 이름에 있도다"(시 124:8)라고 하였습니다. 예수님은 "내 이름으로 무엇이든지 내게 구하면 내가 행하리라"(요 14:14) 약속하셨습니다.

시온은 예루살렘을 상징하는 하나님의 나라, 하나님의 백성, 하나님의 통치의 중심지입니다.

하나님의 백성이 모이는 곳, 하나님의 공동체를 상징합니다. 하나님은 시온에서, 곧 하나님의 백성 가운데서 우리를 붙들어 주십니다.

'붙든다'는 것은 단순히 손을 잡아주는 것이 아니라 넘어지지 않도록, 포기하지 않도록, 끝까지 함께하신다는 뜻입니다. 우리가 힘이 빠지고 삶의 무게에 짓눌릴 때, 하나님은 우리를 붙들어 주십니다. 거룩한 하나님의 공동체를 통해 성령의 위로와 능력으로 우리를 붙들어 주십니다.

예수님은 "진실로 다시 너희에게 이르노니 너희 중의 두 사람이 땅에서 합심하여 무엇이든지 구하면 하늘에 계신 내 아버지께서 그들을 위하여 이루게 하시리라 두세 사람이 내 이름으로 모인 곳에는 나도 그들 중에 있느니라"(마 18:19-20)라고 약속하셨습니다

하나님께서 성소에서 도우시고 시온에서 붙들어 주신다는 이 약속은 우리에게 큰 힘이 됩니다. 그러므로 우리는 어떤 상황에서도 하나님을 의지해야 합니다. 우리의 문제를 하나님께 맡기고, 믿음으로 나아가야 합니다. 위대한 길을 가는 사람들이 가져야 할 바른 자세입니다.

3. "네 모든 소제를 기억하시며 네 번제를 받아주시기를 원하노라 (셀라)"(3절).

소제는 수확의 일부를 하나님께 드리는 제사였습니다. 하나님의 은혜로 얻은 것을 하나님께 돌리는 감사의 표현입니다. 우리는 모든 것이 하나님의 은혜임을 기억하고, 일상 속에서 감사하는 삶을 살아야 합니다. 물질뿐 아니라 시간, 재능, 건강 등 우리의 삶 전반을 하나님께 드리는 감사의 마음으로 살아가야 합니다.

소제는 동물의 피를 흘리는 제사가 아닌 평화롭고 조용한 제사였기에, 일상에서의 조용한 헌신을 상징합니다. 사람들에게 드러나지 않더라도 성실하고 정결한 마음으로 하나님을 섬기는 삶을 살아가야 합니다. 직장, 가정, 교회 등 삶의 자리에서 정결함과 성실함으로 하나님께 예배하는 삶을 의미합니다. 곡식은 땅의 열매이며, 인간의 노동과 수고의 결과입니다. 하나님께 그것을 드린다는 것은 일상의 삶 자체를 드리는 행위입니다.

번제를 받아달라는 기도는 자기 자신을 온전히 하나님께 드리려는 간절한 마음을 표현하는 것입니다. 번제는 철저한 헌신과 속죄의 상징이며, 제물 전체를 불태워 하나님께 드리는 제사입니다. 제물의 일부만이 아닌 전부를 태워 드리므로, 온전한 헌신과 완전한 속죄를 의미합니다. 하나님께서 기뻐 받으시는 제사로, 마음과 삶이 하나님께 드려질 때 하나님이 이를 향기로 받으십니다(레 1:9).

예수님의 "자기를 부인하고 자기 십자가를 지라"는 가르침은, 번제처럼 자기 자신을 드리는 삶을 의미합니다(마 16:24).

번제는 일부가 아닌 전부를 태워 드리는 제사였듯이, 우리는 삶의 일부만이 아니라 전인격적인 헌신을 하나님께 드려야 합니다. 사도 바울은 "너희 몸을 하나님이 기뻐하시는 거룩한 산 제물로 드리라"(롬 12:1)라고 권합니다. 이는 전인격적 예배자로 살아가라는 뜻입니다.

이스라엘 백성들은 전쟁에 출정하는 다윗을 위해 "네 모든 소제를 기억하시며 네 번제를 받아 주시기를 원하노라"라는 기도를 드립니다.

그렇습니다. 하나님으로부터 받은 비전을 성취하는 위대한 길을 가기 위해서는 소제와 번제를 드리는 것같이 완전히 드리는 삶으로 나아가야 합니다. 자기의 시간, 재능, 재산, 학식 등 모든 것을 하나님께 드리는 최선의 삶을 통해 하나님의 비전을 성취하는 것입니다.

그렇게 온전한 헌신의 삶을 사는 사람이 환난을 만났을 때, 하나님 앞에 나아가 그의 기도를 기억하며, 헌신을 받아달라고 기도할 수 있습니다.

4. "네 마음의 소원대로 허락하시고 네 모든 계획을 이루어 주시기를 원하노라"(4절).

하나님은 우리에게 비전을 주셔서, 마음에 소원이 되게 하십니다. 사도 바울은 "너희 안에서 행하시는 이는 하나님이시니 자기의 기쁘신 뜻을 위하여 너희에게 소원을 두고 행하게 하시나니"(빌 2:13)라고 말하였습니다.

여기서 말하는 '소원'은 단순한 욕망이나 바람이 아니라, 하나님의 뜻 안에서 품은 거룩한 비전과 열망을 의미합니다.

하나님은 우리가 겉으로 드러내는 말보다 마음속 깊은 곳의 갈망과 동기를 아십니다. 이 말씀은, 하나님의 뜻에 합한 소원을 기도하는 자들에게 허락하시는 축복의 선언입니다. 위대한 삶을 살았던 다윗은 "여호와를 기뻐하라 그가 네 마음의 소원을 네게 이루어 주시리로다"(시 37:4)라고 하였습니다.

이스라엘 백성들이 다윗의 모든 계획을 이루어 주시기를 기도하였습니다. 계획은 단순한 생각이 아니라 신중히 세운 목적과 방향성입니다. 하나님은 우리가 믿음으로 세운 계획, 하나님의 뜻을 이루고자 하는 목표를 이루게 하십니다. 계획은 사람이 세우지만, 그 성취는 오직 하나님께로부터 오는 은혜입니다(잠 16:9).

저는 월드미션 프론티어를 설립하고 작은 선교회가 감당할 수 없는 많은 비전을 제시하고, 그 일을 성취해 왔습니다. 2021년부터 10년간 실행할 목표를 "비전 2030"이라는 비전으로 추진하고 있습니다. "비전 2030"의 열 가지 목표는 다음과 같습니다.

(1) 아프리카 5개국에 5개의 대학교 설립

(2) 아프리카 5개국에 15개(각 국가에 3개)의 선교센터 설립(유치원, 초·중·고등학교)

(3) 빅토리아 호수 병원선 1, 2호선 완공

(4) 한국 선교센터 설립(선교훈련, 선교사 쉼터)

(5) 미국 선교센터 설립(선교훈련, 선교사 쉼터)

(6) 아프리카 현지 교단(CWMF - 2023년 2월 10일 창립)

(7) 아프리카 선교사 훈련원(AMTIC - 2019년 설립)

(8) 대학교 교수요원 박사과정 장학지원

(9) 길갈 청소년 리더십 캠프

(10) 세븐 마운틴스 클럽 운동

저는 매일의 기도에 제 마음에 소원으로 두신 이 비전을 허락해 달라고 기도합니다. 2030년까지 이 모든 비전 성취를 위한 계획을 이루실 줄 믿는 기도입니다.

5. "우리가 너의 승리로 말미암아 개가를 부르며 우리 하나님의 이름으로 우리의 깃발을 세우리니 여호와께서 네 모든 기도를 이루어 주시기를 원하노라"(5절).

아직 전쟁은 끝나지 않았지만 하나님이 주실 승리를 확신하며 기뻐하고 찬양하는 고백입니다.

하나님을 신뢰하는 믿음의 고백입니다. 승리를 확신하며 개가를 부르는 모습입니다. "믿음은 바라는 것들의 실상이요 보이지 않는 것들의 증거"(히 11:1)입니다.

시편 21편에는 응답하심에 감사하는 찬양이 기록됩니다. 이스라엘 백성들의 기도의 응답으로 승리를 주신 하나님께 "여호와여 왕이 주의 힘으로 말미암아 기뻐하며 주의 구원으로 말미암아 크게 즐거워하리이다 그의 마음의 소원을 들어주셨으며 그의 입술의 요구를 거절하지 아니하셨나이다"(시 21:1-2)라고 기도합니다.

위대한 비전을 감당하기 위해서는 '하나님은 기도를 반드시 들으신다'는 믿음이 있는 사람들의 기도 지원이 필요합니다. 하나님은 중보기도자들의 기도를 들으십니다.

사도 바울은 고린도교회 성도들에게 "너희도 우리를 위하여 간구함으로 도우라 이는 우리가 많은 사람의 기도로 얻은 은사로 말미암아 많은 사람이 우리를 위하여 감사하게 하려 함이라"(고후 1:11)

라고 기도를 요청하였습니다.

하나님의 비전을 수행하는 사람에게는 특별한 은사가 필요합니다. 많은 사람의 기도로 얻는 은사입니다. 지도자의 부족을 채워주는 기도의 힘입니다. 비전을 수행하는 공동체가 리더를 위해 기도해야 하는 이유입니다.

'깃발을 세운다'는 것은 그 승리가 누구에게 속해 있는지를 선포하는 행위입니다. 이스라엘은 스스로의 능력이나 왕의 칼을 의지하지 않고, 하나님의 이름으로 승리를 선포했습니다. 교회와 선교회, 또는 기업이나 국가는 위대한 일을 행한 후에 성취된 것에 대한 영광을 하나님께 돌려야 합니다.

저는 아프리카 선교사역을 감당하며 동역자들의 기도와 물질적인 후원자의 손길로 선교센터들을 세워갑니다. 그렇게 세워진 선교센터에서는 파송 선교사와 봉사자들이 현지 사역자들과 함께 사역합니다. 선교센터를 세우는 것도 중요하지만 센터마다 하나님의 이름으로 깃발을 세우는 일은 더욱 중요합니다. 세상 사람 누가 보더라도 하나님이 세우신 것이 분명히 드러나고 하나님이 영광받으시는 공동체가 되어야 하는 것입니다.

"여호와께서 네 모든 기도를 이루어 주시기를 원하노라"라는 기도는 하나님께서 반드시 응답하신다는 믿음에서 나오는 중보의 고백입니다. 리더를 위한 공동체의 기도는 하나님이 들으시고 공동체를 건강하게 세워주십니다.

6. "여호와께서 자기에게 기름 부음 받은 자를 구원하시는 줄 이제 내가 아노니 그의 오른손의 구원하는 힘으로 그의 거룩한 하늘에서 그에게 응답하시리로다"(6절).

다윗은 그동안의 경험을 통해 '하나님이 기름 부으신 자를 반드시 지켜주신다'는 사실을 알고 고백합니다. 어린 나이에 왕으로 기름 부음을 받았지만 15년이라는 고통의 세월을 지내고 나서야 왕이 되었습니다. 그가 왕으로 지낸 세월도 순탄치만은 않았습니다. 그러나 다윗은 기름 부음 받은 이후로 줄곧 함께하시는 하나님을 경험하였기 때문에 이렇게 고백할 수 있었습니다.

"이제 내가 아노니"라는 말은 삶 속에서 경험하며 체험된 믿음의 결론입니다. 이 말은 기도와 기다림의 끝에서 터져 나오는 선언입니다. 고난과 불확실함 속에서도, '나는 이제 안다'라고 고백할 수 있는 믿음이 복입니다.

"거룩한 하늘에서 오른손의 힘으로 응답하신다"라는 것은 하나님의 거룩한 임재 가운데서 하나님의 강한 팔, 곧 오른손으로 도우신다는 말입니다. 하나님께서는 강한 능력으로 부름받은 자들의 삶의 위기와 어려움 속에서 실질적으로 개입하여 도와주십니다. '오른손'은 힘과 능력, 명예를 상징하는 표현이기 때문에 가장 강력한 방식으로 우리를 지키시며 이끄신다는 것입니다.

하나님은 이사야서를 통해 "두려워하지 말라 내가 너와 함께함이라 놀라지 말라 나는 네 하나님이 됨이라 내가 너를 굳세게 하리라 참으로 너를 도와주리라 참으로 나의 의로운 오른손으로 너를 붙들리라"(사 41:10)라고 약속하셨습니다.

모세는 "여호와여 주의 오른손이 권능으로 영광을 나타내시니이다 여호와여 주의 오른손이 원수를 부수시니이다"(출 15:6)라고 찬양하였습니다.

예수님은 제자들에게 복음의 사명을 맡기시며 "세상 끝날까지 너희와 항상 함께 있으리라"라고 약속하셨고(마 28:19-20), "내가 너희를 고아와 같이 버려두지 아니하고 너희에게로 오리라"(요 14:18) 하셨습니다.

히브리서에서는 "돈을 사랑하지 말고 있는 바를 족한 줄로 알라 그가 친히 말씀하시기를 내가 결코 너희를 버리지 아니하고 너희를 떠나지 아니하리라 하셨느니라 그러므로 우리가 담대히 말하되 주는 나를 돕는 이시니 내가 무서워하지 아니하겠노라 사람이 내게 어찌하리요 하노라"(히 13:5-6)라고 하였습니다.

하나님을 신뢰하는 사람은 세상의 물질이나 안정감에 의존하지 않고, 하나님이 주신 작은 것에 만족하며 최선을 다하면 하나님이 도우십니다. 하나님이 우리를 책임지신다는 고백으로 사는 삶의 태도입니다.

7. "어떤 사람은 병거, 어떤 사람은 말을 의지하나 우리는 여호와 우리 하나님의 이름을 자랑하리로다"(7절).

8. "그들은 비틀거리며 엎드러지고 우리는 일어나 바로 서도다"(8절).

9. "여호와여 왕을 구원하소서 우리가 부를 때에 우리에게 응답하소서"(9절).

병거와 말은 고대 전쟁에서 군사력의 상징입니다. 오늘날로 말하면 돈, 지위, 기술, 인맥 등의 세상적 능력과 같습니다. 세상 사람들은 세상적인 능력을 의지합니다. 그러나 하나님의 백성은 '하나님의 이름'을 자랑합니다.

하나님의 이름을 자랑하는 것은 하나님의 성품, 인격, 권위 전체를 신뢰한다는 뜻입니다. 전적으로 하나님을 의지하는 삶을 의미합니다. 하나님으로부터 특별한 사명을 받은 사람들은 그 비전을 성취하는 과정에서 세상적인 힘, 사람의 방법을 의지하는 것이 아니라 하나님을 의지해야 한다는 것입니다.

예레미야 선지자는 "무릇 사람을 믿으며 육신으로 그의 힘을 삼고 마음이 여호와에게서 떠난 그 사람은 저주를 받을 것이라 그는 사막의 떨기나무 같아서 좋은 일이 오는 것을 보지 못하고 광야 간조한 곳, 건건한 땅, 사람이 살지 않는 땅에 살리라 그러나 무릇 여호와를 의지하며 여호와를 의뢰하는 그 사람은 복을 받을 것이라 그는 물 가에 심어진 나무가 그 뿌리를 강변에 뻗치고 더위가 올지라도 두려워하지 아니하며 그 잎이 청청하며 가무는 해에도 걱정이 없고 결실이 그치지 아니함 같으리라"(렘 17:5-8)라고 하였습니다.

여호와를 의지하고 의뢰하는 사람들은 어려운 상황에서 오히려 더 성장하는 것을 경험합니다. 여전히 풍성한 열매 맺는 사명을 감당할 수 있습니다. 외형적으로 강해 보였던 병거와 말을 의지한 자들은 비틀거리며 넘어져도, 하나님을 의지한 자들은 일어나고 서게 됩니다. 전쟁과 같은 위기의 시간, 삶의 가장 큰 위기 가운데 나타나는 참된 믿음의 열매입니다. 망한 것 같은 상황에서도 하나님을 의지하는 자는 결국 다시 일어서는 은혜를 경험합니다.

"대저 의인은 일곱 번 넘어질지라도 다시 일어나려니와 악인은 재앙으로 말미암아 엎드러지느니라"(잠 24:16).

"여호와여 왕을 구원하소서"라는 기도는 이스라엘 공동체의 지도자 다윗을 위한 중보기도이자 공동체 전체의 믿음의 고백입니다. "우리가 부를 때에 우리에게 응답하소서"라는 간구는 하나님과의 살아 있는 관계를 향한 기대입니다. 이 절은 기도로 마무리되는 신앙의 자세, 모든 신앙의 핵심은 믿음과 기도에 있다는 메시지입니다.

위대한 길을 가면서 환난을 만나더라도 시편 20편의 기도로 다시 일어서 비전을 성취하는 사역자가 되기 바랍니다.

4.
위대하게 만들어 주리라

"그러므로 이제 내 종 다윗에게 이와 같이 말하라 만군의 여호와께서 이와 같이 말씀하시기를 내가 너를 목장 곧 양을 따르는 데에서 데려다가 내 백성 이스라엘의 주권자로 삼고 네가 가는 모든 곳에서 내가 너와 함께 있어 네 모든 원수를 네 앞에서 멸하였은즉 땅에서 위대한 자들의 이름같이 네 이름을 위대하게 만들어 주리라"(사무엘하 7:8-9)

하나님은 양치기 목동이었던 다윗을 이스라엘의 주권자로 세우셨습니다. 다윗의 능력이나 업적이 아니라, 하나님의 주권적 선택과 은혜로 그가 높임을 받게 된 것입니다. 하나님은 사람의 출신이나 조건이 아니라, 그분의 뜻과 계획에 따라 부르시고 사용하십니다.

다윗을 부르신 하나님은 다윗의 인생 여정에 함께하셨고, 그를 보호하며 인도하셨습니다. 사울 왕에게 쫓기던 광야에서도 함께하셨고, 아들 압살롬의 내란을 피해 망명한 절망의 자리에서도 함께

하셨습니다. 하나님은 부르신 자들의 삶의 모든 순간에 함께하시며, 감당할 수 없는 문제와 싸움도 친히 해결해 주십니다.

하나님은 다윗의 이름을 "땅에서 위대한 자들의 이름같이 위대하게 만들어 주겠다"라고 약속하십니다. 아브라함에게 주셨던 언약(창 12:2)의 연장이며, 하나님의 백성에게 주시는 복의 확장입니다. 우리의 명예와 성공 역시 하나님께서 높여 주실 때 진정한 의미가 있습니다.

이 책의 제목은 "청년아 일어나 위대한 길을 가자!"입니다. 하나님이 다윗을 위대하게 만들어 주겠다고 하신 축복의 길을 가자는 말입니다.

하나님은 다윗이 걸었던 길에 함께하시며 그를 위대한 왕으로 세워주셨습니다. 다윗을 위대하게 만들어 주신 방법은 다윗이 직면했던 모든 원수들을 멸하신 것입니다.

1) 하나님이 멸하신 다윗의 원수들

다윗은 이스라엘을 대적하던 블레셋, 모압, 에돔, 암몬, 아람과 같은 나라들과의 전쟁을 승리로 이끌었습니다.

다윗이 직면했던 적들은 내부에도 있었습니다. 다윗을 죽이려고

했던 사울 왕은 그의 장인이었습니다. 다윗의 인생에서 가장 큰 위기는 아들 압살롬의 반란이었습니다. 다윗과 함께했던 요압 장군 역시 다윗의 정치에 걸림돌이 되곤 하였습니다.

다윗이 가장 먼저 직면한 원수는 골리앗이었습니다. 소년 다윗은 골리앗을 대항하여 물매 돌로 그를 물리쳤습니다. 다윗은 시므이와 같은 사람들에게 모욕을 당하기도 하였습니다.

위대한 길의 목표 지점에 이르기 위해서는 다윗과 같이 원수들을 이겨내야 합니다.

① 골리앗(두려움)

블레셋 사람들이 이스라엘을 공격하였습니다. 그중에는 골리앗이라는 거인이 있었습니다.

"그의 키는 여섯 규빗 한 뼘이요 머리에는 놋 투구를 썼고 몸에는 비늘 갑옷을 입었으니 그 갑옷의 무게가 놋 오천 세겔이며 그의 다리에는 놋 각반을 쳤고 어깨 사이에는 놋 단창을 메었으니 그 창자루는 베틀 채 같고 창 날은 철 육백 세겔이며 방패 든 자가 앞서 행하더라"(삼상 17:4-7)라고 골리앗이 소개되어 있습니다.

이스라엘 군인들은 두려움에 떨며 아무도 그를 대적하여 나서지 못하고 있었습니다.

전쟁에 출정했던 형들에게 먹을 것을 전달하기 위해 방문했던 다윗은 골리앗이 이스라엘을 모욕하는 모습을 보고 분개하였습니다.

양치기 소년 다윗은 "너는 칼과 창과 단창으로 내게 나아오거니와 나는 만군의 여호와의 이름 곧 네가 모욕하는 이스라엘 군대의 하나님의 이름으로 네게 나아가노라"(삼상 17:45)라고 외치며 나아가 물매 돌로 골리앗을 죽이고 승리하였습니다.

골리앗은 이스라엘에게 큰 두려움이었습니다. 다윗은 이 두려움을 회피하지 않고 하나님의 이름으로 직면하여 이겨냈습니다.

위대한 길을 가려면 가장 먼저 두려움의 적을 이겨야 합니다. 한 번도 가보지 못한 길, 좁고 험한 길을 가는 두려움입니다. 하나님의 기름 부음 받은 자는 거인을 두려워하지 않습니다. 양치기 목동이라는 소명의 자리에서 다윗을 부르신 하나님이 그와 함께하시며, 강하고 담대한 마음을 주셨습니다.

다윗은 골리앗이라는 큰 두려움을 이겼지만, 다윗을 위협하는 두려움은 골리앗으로 끝나지 않았습니다. 사무엘하 21장에는 골리앗 가문의 거인들이 계속하여 다윗을 위협합니다.

이스라엘을 공격한 블레셋을 대항하여 싸우던 다윗이 피곤하여 지친 상태에서 삼백 세겔의 놋 창을 든 이스비브놉이라는 거인이 다윗을 죽이려 하였습니다. 그때 스루야의 아들 아비새가 다윗을 도와 이스비브놉을 쳐죽였습니다(삼하 21:15-17).

계속하여 삽이라는 거인이 나타났을 때는 후사 사람 십브개가 그를 죽이고(삼하 21:18), 창 자루가 베틀 채 같은 큰 창을 든 골리앗의 아우 라흐미는 엘하난이 죽였습니다(삼하 21:19). 손가락 발가락이 스물넷인 거인은 삼마의 아들 요나단이 죽임으로 모든 거인들을 물리칠 수 있었습니다(삼하 21:20-21).

위대한 비전을 달성하기 위해서는 골리앗과 같은 두려움에 직면하는 용기가 있어야 합니다. 그 두려움은 한 번 이겨냈다고 해서 사라지는 것이 아닙니다. 여러 가지 형태의 두려움이 위대한 길에 지뢰와 같이 놓여 있는 것입니다.

② **사울 왕**(시기, 질투)
이스라엘 백성들이 요구하는 왕으로 세움을 받은 사울이 아말렉을 진멸하라는 하나님의 명령에 불순종하므로 하나님은 사울을 버리고 다윗을 선택하셨습니다(삼상 15-16장). 이때부터 사울은 하나님의 영이 떠나고 악한 영에 시달립니다.

블레셋과의 전쟁에서 다윗이 하나님의 이름으로 골리앗을 죽임으로 이스라엘에게 큰 승리를 안겨주었습니다. 사람들이 "사울이 죽인 자는 천천이요 다윗은 만만이로다"(삼상 18:7)라고 찬양하므로 사울은 질투, 두려움, 경쟁심에 사로잡혀 다윗을 죽이려고 하였습니다.

사울은 하나님의 임재가 다윗과 함께하는 것을 인식하고 있었습니다. 이는 그에게 영적 위기감을 더 크게 느끼게 하여 다윗을 평생의 원수로 여기게 된 것입니다.

여호와께서 다윗과 함께 계시므로 사울이 그를 더욱 두려워하여 평생에 원수가 되었다고 기록하고 있습니다(삼상 18:12-29).

사울의 질투심에 다윗은 스스로 원수를 갚으려고 하지 않았습니다. 두 번이나 사울을 죽일 수 있는 기회가 있었지만 "여호와의 기름 부음을 받은 내 주를 치는 것은 여호와께서 금하시는 것"(삼상 24:6)이라고 하며 손을 대지 않았습니다. 이는 하나님의 주권을 존중하는 신앙이자 자기 손으로 왕이 되지 않겠다는 믿음의 표현입니다. 다윗 왕의 많은 시편은 사울에게 쫓기던 가장 고통스러운 시기에 지은 것입니다. 다윗은 사울이라는 거대한 원수의 위협 아래 "내가 두려워하는 날에는 내가 주를 의지하리이다"(시 56:3)라고 찬양하였습니다.

다윗은 "나를 책망하는 자는 원수가 아니라 원수일진대 내가 참았으리라 나를 대하여 자기를 높이는 자는 나를 미워하는 자가 아니라 미워하는 자일진대 내가 그를 피하여 숨었으리라 그는 곧 너로다 나의 동료, 나의 친구요 나의 가까운 친우로다 우리가 같이 재미있게 의논하며 무리와 함께하여 하나님의 집 안에서 다녔도다"(시 55:12-14)라고 자신의 아픈 경험을 말합니다.

위대한 길을 가는 사람은 많은 사람들에게 시기와 질투의 대상으로 노출됩니다. 전혀 상관없는 사람들의 시기와 질투가 아니라 아주 가까이에 있는 사람, 친구들이 시기와 질투심으로 우리의 목표를 무너뜨리려고 합니다. 선교사는 주변 선교사들의 시기와 질투로 어려움을 겪기도 합니다. 사업을 경영하는 사람들은 동종의 사업자들의 시기와 질투로 어려움을 겪게 됩니다.

질투의 마음으로 사울의 삶이 피폐해졌습니다. 시기, 질투는 상대만이 아니라 자신을 망하게 하는 원수입니다. 내 안에 시기하고 질투하는 마음이 일어나 나와 상대를 망하게 하지 않도록 주의해야 합니다. 시기, 질투의 원수를 이겨야 합니다. 다윗은 끝까지 하나님을 의지하고 신뢰함으로 시기 질투의 원수를 이겨냈습니다.

③ **압살롬**(배신, 반역)

압살롬의 누이 다말이 이복 형제 암논에게 성폭행을 당한 후에 압살롬의 집에서 처량하게 지냈습니다. 압살롬은 2년간 복수심을 품고 있다가 암논을 살해하고 도망하여, 그술로 가서 3년을 지냈습니다(삼하 13장).

다윗이 압살롬을 잊지 못하는 모습을 본 요압이 드고아의 여인을 통해 다윗에게 말하고 압살롬을 예루살렘으로 데려왔습니다. 예루살렘에 돌아온 압살롬은 2년이 지난 후에야 아버지를 다시 만날 수 있었습니다.

아버지의 마음을 얻은 압살롬은 반란을 준비합니다. 사무엘하

15장의 내용을 요약하면, 압살롬은 왕위를 얻기 위해 군사를 준비하고(삼하 15:1), 부지런히 다니며 자신이 왕을 대신하여 "정의를 베풀기를 원한다"라고 하며(삼하 15:2-6) 정치적 포퓰리즘 전략으로 백성의 마음을 훔칩니다. 그렇게 준비를 마친 압살롬이 헤브론에서 왕으로 자칭하며 반란을 일으켰는데(삼하 15:10-14), 다수의 백성이 압살롬을 지지하였습니다. 다윗은 급히 예루살렘을 떠나 맨발로 울며 광야길로 도망해야 했습니다.

원수가 외부에서 일어난 것이 아니라 가장 가까운 아들이 원수가 된 것입니다. 다윗에게는 가장 큰 위기였습니다. 위대한 길을 가는 공동체의 지도자들이 만날 수 있는 반역이라는 상황입니다.

선교 NGO를 운영하는 데도 내부에서 배신, 반역이라는 원수가 일어납니다. 가장 신뢰했던 사람들의 배신으로 선교회에 치명적인 상처가 생깁니다.

수년 동안 눈물과 기도로 세운 선교사역을 방해하기 위해 현지 사역자들을 매수하여 문앞에 다른 선교회를 차리는 한국인 선교사를 여러 차례 경험해 보았습니다.

다윗의 대처 방법을 배워야 하겠습니다. 다윗은 압살롬의 반란이라는 위급한 상황에서 언약궤를 가지고 나가려는 제사장들에게 "내가 여호와 앞에서 은혜를 입으면 도로 나를 다시 인도하사 내게 그 궤와 그 계신 데를 보이시리라"라고 말합니다(삼하 15:25-26).

다윗은 자신의 왕권 회복보다 하나님의 뜻을 따르는 것에 우선하였습니다. 위급한 상황에서도 모든 주권을 하나님께 맡기는 겸손과 신뢰의 태도를 보여준 것입니다.

반란을 진압한 후에도 스스로 복수하지 않는 모습을 봅니다. 반란을 일으켰던 아들 압살롬을 죽이지 말라고 군대장관 요압에게 명령하였습니다(삼하 18:5). 위대한 길을 가는 길에 배신, 반역이라는 원수를 만났을 때 그런 일이 일어난 이유에 대한 하나님의 뜻을 찾는 지도자의 자세입니다.

④ 요압(불복종, 권력 남용)

요압은 다윗의 누이 스루야의 아들로, 다윗의 외조카입니다. 요압의 형제인 아비새, 아사헬도 다윗의 조카이자 동료였습니다. 요압은 다윗이 사울에게 쫓기던 시절부터 함께하며, 다윗의 도피와 왕위 등극 과정에서 핵심적인 역할을 했습니다. 예루살렘을 점령할 때 가장 먼저 성에 들어가 총사령관이 되었고, 이후 이스라엘 군대의 대장군으로 수많은 전투에서 승리를 이끌었습니다.

요압은 다윗에게 충성했으나, 때로는 왕의 명령에 복종하지 않고 자신의 판단대로 행동했습니다.

아브넬은 사울의 군대 장관이었으나 다윗에게 충성하기로 하였습니다. 그러나 요압은 과거 자기 동생 아사헬을 죽인 아브넬을 복수심으로 살해하고 말았습니다. 다윗의 정치적 화합 전략과 하나님의 뜻을 어긴 행동이었습니다(삼하 3:28-29).

압살롬이 반역하였으나 다윗이 그를 살려두라고 명령했음에도 요압은 다윗의 명령을 어기고 압살롬을 창으로 찔러 죽이는 잔인함을 보였습니다.

다윗은 압살롬의 반란 이후, 유다의 단합을 위해 아마사를 군대장관으로 임명할 계획이었습니다. 다윗에게 불복종하고 압살롬을 죽인 요압은 이것을 자신의 권력에 대한 위협으로 느끼고 아마사를 기만적으로 살해하였습니다. 아마사는 다윗의 명령을 받아 군을 소집하던 중 요압에게 죽임을 당한 것입니다(삼하 20장).

요압은 자기의 권력을 유지하기 위해 폭력과 음모를 거리낌 없이 사용하였습니다. 요압은 다윗이 솔로몬을 후계자로 세우려는 것을 알면서도, 아도니야의 왕권 찬탈을 지지하며 다윗의 뜻과 하나님의 계시를 무시한 반역적 행동을 자행하였습니다.

아브넬, 압살롬, 아마사 사건에서 다윗은 요압의 행동을 지적하였지만, 당시의 정치적·군사적 상황 속에서 즉각적으로 해임하거나 처벌하지 않았습니다. 다윗은 국가 안정과 군 통제를 고려한 현실적인 인내를 선택했을 것입니다.

공동체의 화합과 번영을 생각하지 않고 자신의 이익과 권력에 집

착하는 사람들은 공동체의 원수가 될 수밖에 없습니다. 조직을 장악하고 권력을 손에 쥐고 충성을 가장한 불복종과 권력 남용을 뿌리 뽑아야 공동체가 살아납니다.

다윗은 국가 내부에 깊이 뿌리박힌 불복종, 권력 남용의 원수를 제거하기 위해 아들 솔로몬에게 "스루야의 아들 요압이 내게 행한 …일을 네가 알거니와…그의 백발이 평안히 스올에 내려가지 못하게 하라"라고 유언으로 남깁니다(왕상 2:5-6).

솔로몬은 요압이 아도니야를 따르고 성소로 도피하자, 여호야다의 아들 브나야를 보내 성전 안에서 요압을 처형하였습니다(왕상 2:28-34). 성경은 요압을 처형하고 나서 비로소 이스라엘 왕국이 강성하게 세워졌다고 말하고 있습니다.

⑤ **시므이**(비방, 모욕)

다윗이 압살롬의 반역을 피해 도망 중일 때, 시므이는 사울 왕과 같은 베냐민 지파의 한 사람으로, 다윗을 사울 가문을 무너뜨린 원수로 여기고 다윗에게 심한 저주와 모욕을 퍼부었습니다.

"피를 흘린 자여 사악한 자여 가거라 가거라 사울 족속의 모든 피를 여호와께서 네게로 돌리셨도다"라는 차마 들을 수 없는 모욕이었습니다(삼하 16:5-8). 그는 다윗을 향해 돌을 던지고 저주하며, 하나님의 심판이라고 왜곡된 해석까지 붙였습니다.

다윗은 사울의 죽음과는 전혀 상관이 없었습니다. 오히려 사울에게 쫓기며 사울을 죽일 수 있는 기회가 있었어도 그를 죽이지 않았습니다. 사울에게 선의를 베풀었던 다윗이 사울의 피를 흘린 자라는 비방과 모욕을 겪었습니다.

위대한 길을 가는 사역자들을 힘겹게 하는 것은 근거 없는 비방과 모욕입니다. 특히, 하나님의 사역을 감당하는 길에 쏟아지는 유언비어와 비방은 하나님의 일을 더디게 하는 원수가 아닐 수 없습니다. 사역자들의 마음을 병들게 하는 원수입니다.

이런 상황에서 다윗의 신하 아비새가 시므이를 죽이겠다고 요청하자 다윗은 허락하지 않았습니다.
'그가 저주하는 것은 여호와께서 그에게 다윗을 저주하라 하신 것일지도 모른다. 여호와께서 나의 원통함을 감찰하시고 복을 내리시리라'는 생각 때문이었습니다(삼하 16:10-12). 다윗은 하나님의 주권 아래서 이 모욕을 받아들이고 인간적 복수보다 하나님의 위로를 기다렸습니다. 사람들의 비방과 모욕에 해명이나 비방으로 대응하지 않고 하나님의 위로와 축복을 기다리는 시간으로 삼는 모습입니다.

시므이의 비방과 모욕은 다윗의 예루살렘 귀환으로 끝이 났습니다. 다윗이 다시 왕위에 오르자 시므이는 요단강까지 나와 무릎 꿇고 사죄하였습니다. 다윗은 자신의 복귀를 하나님의 은혜로 알고,

시므이를 관용으로 대했지만 그의 모욕을 완전히 잊을 수는 없었습니다.

다윗은 아들 솔로몬에게 "그가 악독한 말로 나를 저주하였느니라. 그의 백발이 피 가운데 스올에 내려가게 하라"라는 유언을 남깁니다(왕상 2:8-9). 자신의 때에는 용서했지만 공의는 필요하다는 점을 인정한 것입니다.

솔로몬은 시므이에게 예루살렘 밖으로 나가지 말라는 조건부로 살려두었습니다. 그러나 3년이 지나 시므이가 이를 어기자 브나야를 보내 그를 처형하였습니다.

성경은 "여호야다의 아들 브나야에게 명령하매 그가 나가서 시므이를 치니 그가 죽은지라 이에 나라가 솔로몬의 손에 견고하여지니라"(왕상 2:46)라고 합니다.

하나님은 다윗을 향한 비방과 모욕의 원수를 멸하여 다윗의 나라를 위대하게 세워주셨습니다.

⑥ 주변의 원수 나라(영적 전쟁)

이스라엘의 주변에는 많은 적들이 둘러싸고 공격하였습니다. 오늘날 하나님의 공동체들이 같은 적들로 둘러싸여 있는 모습을 봅니다. 하나님의 사명을 수행하는 지도자들은 주변의 영적인 적들을 분별할 수 있는 능력이 있어야 합니다.

블레셋

블레셋은 이스라엘의 오랜 숙적으로 사울 시대부터 이스라엘에게 위협이 되었습니다. 이스라엘과 블레셋의 갈등은 땅의 소유권 문제가 가장 큰 이유였습니다. 하나님이 이스라엘에게 약속하신 가나안 땅의 일부인 평야에 살던 블레셋과의 영토분쟁이 잦았습니다. 블레셋은 철기 무기를 사용하여 군사적으로 우위에 있었지만 다윗은 여러 차례 블레셋을 쳐서 가드(대상 18:1), 메텍암마(삼하 8:1), 게셀(왕상 9:16) 등을 빼앗았습니다. 골리앗도 블레셋 출신으로 다윗이 물매돌로 쳐죽였습니다. 하나님은 블레셋 사람을 다윗의 손에 넘기셨습니다.

모압과 암몬

모압과 암몬은 롯의 후손으로 이스라엘과 먼 친족 관계였지만 이스라엘을 대적하였습니다. 이스라엘이 출애굽하여 가나안 땅으로 갈 때 모압과 암몬 땅을 통과하려 했지만 허락하지 않았고 이스라엘을 저주하였습니다. 특히, 모압의 여자들은 이스라엘 남자들을 유혹하여 바알브올을 섬기게 하여 하나님의 진노를 받게 하였습니다. 이 사건으로 이스라엘 백성 2만 4천 명이 사망하였습니다.

에돔

에돔은 에서의 후손으로 장자의 권리와 축복을 야곱에게 빼앗긴 것에 대한 원한으로 이스라엘과 가장 가까운 혈족이면서도 가장 치

열한 적대관계를 이룬 민족 중 하나입니다. 이스라엘과 에돔의 갈등은 단순한 국가 간 충돌이 아니라 형제 간의 불신, 배신, 증오, 심판의 이야기로 성경에서 깊이 있게 다뤄집니다.

아람(시리아)

아람은 지리적으로 이스라엘과 국경을 맞대고 있어 영토, 무역로, 군사기지를 두고 지속적으로 충돌하였습니다. 영적으로 아람 왕들은 자신들의 신과 군사력을 의지하며 하나님을 모독하거나 무시했습니다. 아람 왕의 신하들은 "그들의 신은 산의 신이므로 그들이 우리보다 강하였거니와 우리가 만일 평지에서 그들과 싸우면 반드시 그들보다 강할지라"(왕상 20:23)라고 하나님을 모독합니다. 다윗은 아람 사람들과 전쟁하여 다메섹을 점령하였습니다(삼하 8:3-6).

이스라엘을 둘러싼 원수의 나라들이 있었던 것처럼 위대한 길에는 원수 마귀들이 둘러싸고 있습니다. 사도 바울은 "마귀의 간계를 능히 대적하기 위하여 하나님의 전신 갑주를 입으라 우리의 씨름은 혈과 육을 상대하는 것이 아니요 통치자들과 권세들과 이 어둠의 세상 주관자들과 하늘에 있는 악의 영들을 상대함이라"(엡 6:11-12)라고 하였습니다. 이는 그리스도인의 삶이나 교회 공동체에 한정되는 말이 아닙니다. 세상의 모든 영역에서 일어나는 영적 전쟁입니다.

2) "땅에서 위대한 자들의 이름같이 네 이름을 위대하게 만들어 주리라"

하나님은 다윗에게 "땅에서 위대한 자들의 이름같이 네 이름을 위대하게 만들어 주리라"(삼하 7:9)라고 약속하셨습니다. 성경 역사에서 다윗 왕 이전에 위대한 사람들이 기록되어 있습니다.

아브라함

"여호와께서 아브람에게 이르시되 너는 너의 고향과 친척과 아버지의 집을 떠나 내가 네게 보여줄 땅으로 가라 내가 너로 큰 민족을 이루고 네게 복을 주어 네 이름을 창대하게(Your name great) 하리니 너는 복이 될지라"(창 12:1-2).

아브라함의 위대성은 그의 절대적인 믿음, 순종의 삶 속에서 나타나는 신앙적 실천에 있습니다. 그는 하나님의 부르심에 따라 고향과 친척, 아버지의 집을 떠나 미지의 땅으로 나아갔고, 약속의 성취를 끝까지 신뢰했습니다. 또한, 조카 롯에게 먼저 선택권을 양보하는 관용을 베푸는 사람이었습니다. 아브라함은 후손들에게 큰 민족을 이룰 것이라는 위대한 비전을 남긴 선지자입니다.

모세

"여호와께서 그 백성으로 애굽 사람의 은혜를 받게 하셨고 또 그 사람 모세는 애굽 땅에 있는 바로의 신하와 백성의 눈에 아주 위대하게(Great) 보였더라"(출 11:3).

모세는 불타는 떨기나무 가운데서 하나님의 부르심을 받아 이스라엘을 가나안으로 인도한 위대한 지도자가 되었습니다. 모세는 실패 가운데서도 애굽 사람들에게 위대한 사람으로 세움을 받았습니다. 그는 애굽에서 2백만 명 이상의 이스라엘 백성을 인도하여 40년간 광야에서 십계명과 율법을 받아 전달하고 이스라엘의 다음 세대들을 하나님의 말씀으로 교육하여 바르게 세운 위대한 사람입니다(출 19-20장).

욥

"우스 땅에 욥이라 불리는 사람이 있었는데 그 사람은 온전하고 정직하여 하나님을 경외하며 악에서 떠난 자더라 그에게 아들 일곱과 딸 셋이 태어나니라 그의 소유물은 양이 칠천 마리요 낙타가 삼천 마리요 소가 오백 겨리요 암나귀가 오백 마리이며 종도 많이 있었으니 이 사람은 동방 사람 중에 가장 훌륭한(Greatest man) 자라"(욥 1:1-3).

욥은 동방 사람 중에 가장 훌륭한 사람이었는데 그는 재산의 축복을 받은 사람이었습니다. 욥은 "온전하고 정직하여 하나님을 경외하며 악에서 떠난 자"(욥 1:1, 8)였습니다. 자녀, 재산, 건강까지 모두 잃었지만 "주신 이도 여호와시요 거두신 이도 여호와"라 고백하며 하나님을 원망하지 않았습니다(욥 1:21-22).

하나님은 다윗을 위대하게 만들어 주셨습니다. 다윗은 아브라함과 모세와 욥의 위대함을 모두 갖춘 위대한 왕이었습니다.

더 높은 소명, 비전을 갈망하십시오. 비록 고난의 길 광야의 길이지만 비전의 길, 위대한 길을 통과하고 다윗과 같은 위대한 사람이 되기를 바랍니다.

부록

세븐 마운틴스 운동
(기독교 영향력이 필요한 사회의 7개 영역)

하나님은 아담과 하와를 창조하시고 "생육하고 번성하여 땅에 충만하라, 땅을 정복하라, 바다의 물고기와 하늘의 새와 땅에 움직이는 모든 생물을 다스리라"(창 1:28)라는 두 가지 사명을 주셨습니다. 하나님이 사람에게 땅에 충만하고 땅을 정복하라고 하신 것은 사람이 어느 곳에 있든지 하나님과 이웃을 섬기며, 예배하고 복음을 전하기 위함입니다.

네덜란드의 신학자이며 정치가, 교육가이며 언론인이었던 아브라함 카이퍼는 1880년 10월 20일 자유대학교 개교 연설에서 "우리 인간 삶의 모든 영역에서 만유의 주재이신 그리스도께서 '나의 것이다'라고 외치지 않은 영역은 1인치도 없다"라고 선언하였습니다.
하나님의 영광과 주권이 인간 삶의 영역인 정치, 경제, 사회, 문화, 종교, 예술, 교육 등의 분야에서도 실현되어야 한다는 것입니다.

저는 아프리카 다섯 개 국가를 대상으로 하는 선교회를 설립하고 아프리카의 복음화가 사회 전 분야에 깊이 뿌리를 내려야 한다는 생각으로 교육을 중시하게 되었습니다. 각 선교센터는 유치원부터 초·중·고등학교 교육을 진행합니다. 어려서부터 기독교 세계관을 가진 지도자로 성장하도록 돕는 것입니다.

특히, 고등학교에서는 '세븐 마운틴스 클럽'을 두고 졸업 후에 사회 진출 분야를 결정하도록 돕습니다. 기독교의 영향력이 필요한 일곱 개의 사회분야를 '정치·정부', '경제·비즈니스', '교육', '언론·미디어', 'NGO 단체', '예술·문화·체육', '가정·교회'라는 일곱 개 분야로 학생들에게 추천합니다. '세븐 마운틴스 클럽'을 통해 매주 정기적인 클럽 미팅으로 그들이 선택한 직업의 현장에서 어떻게 선교적 삶을 살 것인지를 준비하도록 돕습니다.

월드미션 프론티어가 설립한 대학에서는 일곱 개 사회분야로 진출하는 데 필요한 교육을 실시합니다.

세븐 마운틴스 클럽운동을 진행하다 보니 이 개념은 이미 1975년에 빌 브라이트(Bill Bright)와 로렌 커닝햄(Loren Cunningham)이 거의 동시에 독립적으로 받은 비전이라고 알려져 있었습니다.

이들이 제안한 일곱 가지 영역은 종교, 가정, 교육, 정부-정치, 미디어-언론, 예술과 오락, 경제-상업 분야입니다.

저의 제안은 가정을 교회에 포함시키고, NGO단체(선교)를 한 개의 분야로 추가하여 제안한 것입니다. 한국사회도 시민단체의 역할이 커져가고 있지만, 아프리카에서의 NGO 단체의 사회적 역할이 크기 때문입니다.

'세븐 마운틴'이라는 개념을 신사도운동 조직에서 적극 수용하였기 때문에 마치 신사도운동인 것처럼 인식되어, 복음주의 교회들이 꺼리는 모양새입니다. 그러나 복음주의, 전통적 선교운동의 일환으로, 이 운동을 버려서는 안 될 것입니다.

다윗은 "땅과 거기에 충만한 것과 세계와 그 가운데에 사는 자들은 다 여호와의 것이로다"(시 24:1)라며 하나님의 창조와 소유권을 분명히 밝혔습니다.

다윗은 "여호와께서 그의 보좌를 하늘에 세우시고 그의 왕권으로 만유를 다스리시도다"(시 103:19)라고 주장하였습니다.

모세는 "하늘과 모든 하늘의 하늘과 땅과 그 위의 만물은 본래 네 하나님 여호와께 속한 것"(신 10:14)이라 하였고, 사도 바울은 "이는 땅과 거기 충만한 것이 주의 것임이라"(고전 10:26)라고 선언하였습니다.

하나님이 만드신 이 땅이 죄로 물들어 있는 것을 안타까워해야 합니다. 세상은 하나님의 주권을 거역하고 인간 중심으로 타락함으로써 여러 가지 죄악에 빠져 있습니다.

하나님을 섬기지 않고 우상을 숭배하며(롬 1:21-23), 인간의 지식과 과학을 신격화합니다. 진리를 거짓으로 바꾸고(롬 1:25-27), 성적 타락,

동성애, 음란, 탐욕 등 윤리적 질서를 무너뜨리고 타락하였습니다. 불의와 폭력, 탐욕으로 가득한(롬 1:29-31) 사회로 전락하여 정의와 공의보다 자기 이익과 권력을 추구합니다. 세상은 하나님을 대적하여, 복음을 거절하는 영적 교만(요 3:19)에 빠져 복음을 듣고도 회개하지 않습니다.

믿음을 잃어버린 세상을 하나님의 나라로 회복하기 위해서는 복음의 순수성과 교회의 거룩성을 회복해야 합니다.

세븐 마운틴스 운동은 그리스도인들이 사회의 각 분야에 녹아들어가 빛과 소금의 역할을 감당하여 하나님의 나라를 회복하자는 운동입니다.

청년들이 분명한 직업의 소명, 그리고 더 높은 소명으로의 부르심을 통해 이 세상 각 분야에서 지도자로 영향력을 발휘하며 하나님의 나라를 세울 것이라고 기대해 봅니다.

🌿 정치·정부기관-Politics & Government

국가 정부는 3권(행정, 사법, 입법)이 분립되어 있습니다. 이상적인 민주주의 정치가 수행되기 위해서는 3권이 분립되어, 견제하고 협력하여 국가가 발전해 나갈 수 있습니다.

기독교인들이 국가 정부의 지도자가 되는 것은 아주 중요한 일입니다. 정치인이나 정부 기관의 리더가 되는 것은 단순히 직업적 성공 이상의 의미를 가집니다.

정치·공공 정부기관의 리더로서 발휘할 수 있는 사회적 영향력은 여러 분야에서 나타날 수 있습니다. 정직, 정의, 공의, 겸손, 섬김의 리더십으로 청렴하고 원칙적으로 국가를 통치함으로 타락한 사회의 도덕성과 윤리를 회복할 수 있습니다. 법률, 교육, 복지, 문화, 외교 등 여러 분야에서 성경적 가치 기반의 정책을 수립할 수 있습니다.

다윗 왕은 이스라엘을 통일하고 예루살렘을 수도로 삼아 정치적·종교적 중심지를 마련했습니다. 하나님을 경외하는 통치, 정의와 공의를 실천하는 겸손한 리더십으로 이스라엘의 황금기를 열었습니다. 다윗은 시편을 통한 신앙고백으로 백성들에게 하나님에 대한 믿음과 소망을 심어 주었습니다.

느헤미야는 예루살렘의 총독으로 무너진 예루살렘 성벽을 재건하고, 백성의 신앙과 공동체의식을 회복시켰습니다. 느헤미야는 공정한 행정과 청렴한 리더십으로 백성과 함께하는 솔선수범으로 공동체의 회복과 개혁을 이끌었습니다.

다니엘은 바벨론과 바사 제국의 고위 관리로서 정직과 신실함, 지혜로운 정책으로 왕과 백성들의 신임을 받았습니다. 그는 부패하지 않고 하나님의 뜻을 지키며, 이방 사회에서도 하나님의 사람으로 선한 영향력을 끼쳤습니다. 다니엘은 이스라엘의 예루살렘 귀환의 기틀을 마련한 지도자였습니다.

에이브러햄 링컨(Abraham Lincoln)은 기독교 가치관으로 미국의 노예해방을 이끌었습니다.

윌리엄 윌버포스(William Wilberforce)는 19세기 영국의 노예제 폐지 운동의 중심 인물입니다. 복음을 삶과 정치에 적용하며 노예무역 종식을 이끈 기독 정치가로, 그의 사역은 '믿음과 사회개혁의 결합'의 모범이라고 할 수 있습니다.

정치나 정부기관의 지도자들은 단순히 '신앙인이 직업을 가진 것'이 아니라, 공공 영역에서 하나님의 정의와 사랑을 실현하는 통로입니다.

경제·비즈니스-Economy & Business

기독교인이 경제, 비즈니스 영역에서 사역할 때 그것은 단순한 이익 추구의 수단이 아니라, 하나님의 통치를 실현하는 거룩한 사명이 될 수 있습니다. 성경적 경영 철학, 정직한 기업 운영, 이웃 사랑 실천을 통해 하나님의 나라를 실질적으로 확장할 수 있습니다.

비즈니스를 통해 정직한 기업문화로 사회적 신뢰를 회복하는 데 기여할 수 있습니다.

공정한 거래, 정직한 생산, 환경 보호, 노동자 인권을 지키는 기업은 세상에 정의를 보여줍니다.

성경은 가난한 자의 품삯을 지체하지 말라고 경고합니다(레 19:13). "속이는 저울은 여호와께서 미워하시나 공평한 추는 그가 기뻐하시느니라"(잠 11:1)라고 하였습니다.

비즈니스를 통해 좋은 일자리를 제공함으로써 사람들의 삶의 질을 높이고, 가정의 안정과 지역사회의 발전에 기여합니다. 선교적으로는 개발도상국이나 소외지역에서 선교적 기업(Missional Business)으로 선교사들의 사역을 지원하고 사회 발전에 크게 기여할 수 있습니다.

나눔을 실천하는 기업을 통해 하나님의 영광을 드러낼 수 있습니다. 기독교인들이 기업 경영을 통해 사회적 나눔을 실천하며 사회 정의를 실천합니다. 이윤의 일부를 교회, 선교, NGO, 장학, 구호 사역 등에 사용한다면 하나님의 나라를 세우는 데 크게 기여할 수 있습니다.

요셉은 이집트의 국무총리로 임명되어 7년 풍년과 7년 흉년을 대비해 곡물을 저장하고 분배하는 대규모 경제 정책을 성공적으로 집행했습니다. 요셉의 지혜로운 경영은 이집트뿐 아니라 주변 국가 사람들의 생명을 구했고, 사회 전체에 막대한 영향력을 미쳤습니다. 기독교 경제 전문가들이 사회에 미치는 영향력입니다.

세계적으로 영향력 있는 기독교 기업가·기업들 중에 데이비드 그린(David Green)이라는 Hobby Lobby 창립자가 있습니다. 미국 최대 기독교계 소매기업으로 기업의 이윤 상당수를 선교, 성경 번역, 복음 방송 등에 사용한다고 합니다. 그 외에도 Chick-fil-A(칙필에이)는 모든 매장이 주일에 문을 닫아 직원들이 예배드리고 가족과의 시간을 보낼 수 있도록 합니다. 기업의 수익 일부를 자선과 선교, 지역사회 발전에 사용하며, 기독교적 가치관을 지키는 것으로 유명합니다.

In-N-Out Burger(인앤아웃 버거)는 미국 서부의 인기 햄버거 체인으로, 포장지와 컵 등에 성경 구절을 새겨서 복음을 전파합니다.

Forever 21(포에버21)은 한인 크리스천 부부가 설립한 의류 브랜드로, 쇼핑백 바닥에 요한복음 3장 16절을 인쇄해 복음을 전합니다. 창업주는 사업 수익을 선교와 자선에 적극적으로 사용하며, 신앙을 사업의 중심에 두고 있습니다.

비즈니스는 선교지입니다. 비즈니스는 세상 한복판에서 하나님을 드러내는 강력한 플랫폼입니다.

교육-Education

초·중·고등학교와 대학교 등 교육 현장에서 기독교 세계관을 실천하는 것은 다음 세대를 하나님의 진리 위에 세우는 가장 전략적인 사역 중 하나입니다. 교육은 단순한 지식 전달이 아니라 삶의 방향성과 세계관을 형성하는 자리이기 때문입니다. 교사의 언어, 태도, 인내, 정의감, 공감 등은 복음의 메시지를 보여주는 삶 자체로 설교가 됩니다.

교사들은 공동체적 사랑으로 학교 내 세속적인 경쟁 문화를 변화시켜 사랑, 섬김, 존중의 공동체 교육으로 실현합니다. 교사들의 학생에 대한 영적 돌봄과 상담은 학업, 진로, 가정 문제 등 어려움을 겪는 학생들을 기도와 말씀으로 상담할 수 있습니다. 교사는 학생들의 인생 멘토이자 영적 중보자로 중요한 역할을 감당할 수 있습니다.

교사들은 학교 복음화 운동, 가정방문, 일대일 결연 등 구체적이고 실천적인 활동을 통해 학생·학부모와의 신뢰를 쌓고, 교육 현장에 긍정적 변화를 이끌고 있습니다. 이러한 활동은 교사 개인의 실천을 넘어 기독교 세계관으로 교육 구조와 문화를 바꾸는 데도 기여합니다.

아프리카 5개국을 상대로 선교하고 있는 우리 선교회의 중심 사역은 교육입니다. 유치원에서 시작해서 중고등학교까지 어린이들에게 말씀 중심의 교육을 진행합니다. 그리고 우수한 학생들이 대학에 진학할 수 있도록 각 국가에 대학이 설립되어 있습니다.

각 학교에서는 예배와 성경공부를 의무화하고 있습니다. 성경 말씀을 통한 교육이 인격과 신앙, 선한 삶을 준비하는 데 가장 큰 영향력을 주기 때문입니다.

성경에서도 "마땅히 행할 길을 아이에게 가르치라 그리하면 늙어도 그것을 떠나지 아니하리라"(잠 22:6)라고 말씀하며, 올바른 교육이 평생의 삶에 영향을 미친다는 원리를 보여줍니다.

바울은 "모든 성경은 하나님의 감동으로 된 것으로 교훈과 책망과 바르게 함과 의로 교육하기에 유익하니 이는 하나님의 사람으로 온전하게 하며 모든 선한 일을 행할 능력을 갖추게 하려 함이라"(딤후 3:16-17) 하였습니다.

아프리카에서는 교사직을 기피하는 현상이 있습니다. 유교문화의 영향으로 한국에서 교사나 교수직이 선호되는 반면에 아프리카에서는 급여가 적다는 이유로 기피 직종 중 하나입니다.

월드미션 프론티어가 설립한 대학교에서는 교육대학을 강화하고 있습니다. 아프리카 각국의 초중고등학교에서 청소년들을 복음으로 가르치는 교사를 양성하기 위한 목적입니다. 교사는 학교라는 공간에 파송된 선교사의 사명을 감당해야 합니다.

🌱 신문·방송·소셜미디어-Journalism, Broadcasting & Social media

신문과 방송, 미디어는 여론을 형성하고 사회적 의제를 설정하는 데 큰 영향력을 행사합니다. 언론을 입법권, 사법권, 행정권에 이은 '제4의 권력'이라고도 합니다. 여론을 형성하며 권력의 부패와 잘못을 견제하는 도구로 국민의 눈과 귀로서 정보 전달 및 사회 정의를 실현하는 기관이기 때문입니다.

신문, 방송, 미디어는 사회 문제를 알리고 다양한 이슈를 공론화하는 역할을 합니다. 보도 내용이 정책에 반영되거나, 사회적 캠페인으로 확산되어 사회 변화를 촉진합니다.

방송과 미디어 콘텐츠는 대중의 가치관, 행동양식, 유행, 심지어 정치적 태도까지 형성합니다. 연예인이나 미디어에 등장하는 인물의 패션, 행동, 언어 등이 사회 전반에 영향을 미치는 현상도 흔합니다.

최근에는 전통 언론뿐 아니라 유튜브, 소셜 미디어 등 새로운 미디어가 여론 형성의 중심축으로 부상하고 있습니다. 특히 유튜브 등 1인 미디어와 소셜 미디어의 부상으로 정보 확산이 빨라진 반면, 허위 정보나 사회적 분열, 갈등을 증폭시키는 부작용도 지적되고 있습니다.

코로나 팬데믹이 시작될 때 한국에서는 일반 언론과 소셜 미디어를 통해 "교회발 코로나"라는 기사가 돌기 시작했습니다. 갑자기 교회가 코로나를 확산하는 집단으로 "공공 방역에 방해가 된다", "이기적 종교활동"이라는 부정적 여론이 언론에 의해 확산되었습니다. 특히 "교회발"이라는 표현이 전체 교회로 일반화하는 부작용을 초래하며 교회에 큰 해악이 된 사례라 하겠습니다.

성경은 "너는 말 못하는 자와 모든 고독한 자의 송사를 위하여 입을 열지니라 너는 입을 열어 공의로 재판하여 곤고한 자와 궁핍한 자를 신원할지니라"(잠 31:8-9)라고 말하고 있습니다.

사회에 큰 영향력을 미치는 탁월한 기독 언론인이 필요한 시대입니다. 거짓 뉴스, 왜곡 보도, 정치적 편향이 만연한 미디어 환경에서 신앙의 양심과 진리 중심의 가치를 가진 언론인은 더욱 귀중한 역할을 감당할 수 있습니다.

언론, 미디어는 약자의 입이 되어야 합니다. 언론인은 예수님의 마음으로 가난한 자, 고통받는 자, 억울한 자의 목소리를 대변할 수 있습니다. 하나님의 정의와 공의의 실천으로 거짓과 불의를 고발하고 진실을 전달함으로써 사회의 도덕성을 지킬 수 있습니다. 사회의 분열을 막기 위해 진실한 소통과 사회 통합, 용서와 화해의 메시지를 전달할 수 있습니다.

기독교인은 하나님의 도우심을 간구하며 언론 내부에서 청렴, 공정, 정직이라는 직업 윤리를 실천하여 언론인의 사명의식과 도덕성 회복에 중심 역할을 할 수 있습니다.

🌱 비정부기구- NGO

선교는 선교 현지에서 가장 우선적인 필요를 채우는 것으로 사람들에게 접근하게 됩니다. 조선 말기 한반도에 들어온 선교사들이 문맹퇴치를 위한 교육을 시작으로 의료, 개발에 이르기까지 민중을 돕는 일을 복음 전파의 도구로 삼았습니다. 현대 사회에서는 각 국가에 NGO(비정부기구) 또는 NPO(비영리단체)를 통해 정부의 손이 미치지 못하는 곳에 도움의 손길을 펼치고 있습니다.

비정부 기구(NGO)는 선교적 삶과 섬김으로 복음을 증거하는 방식이 됩니다. NGO는 복음이 닿기 어려운 지역(이슬람권, 분쟁지, 공산권)에서도 사회적 신뢰를 얻고 사람들에게 다가갈 수 있는 통로가 되며, 현대 선교의 전략적 도구입니다.

구호와 개발, 의료봉사, 식량 지원, 우물 공사 등 인도적 차원의 사업을 통해 하나님의 사랑을 삶으로 보여주는 선교입니다. 교육, 직업훈련과 학교 설립, 교사 양성 등은 다음 세대를 준비시키는 전략적 접근입니다. 의료 선교사들은 가장 폐쇄적인 지역에서 예수님의 손과 발이 됩니다.

아동 학대 방지, 여성 권리 보호, 인신매매 근절, 장애인 사역, 고아원 등은 하나님의 정의와 사랑을 드러내는 선교적 정의 운동입니다.

월드미션 프론티어는 교육뿐 아니라 의료사역을 통한 선교에도 기여하고 있습니다. 빅토리아 호수는 세계에서 두 번째로 큰 호수로, 남한 땅의 2/3 면적인 거대 호수입니다. 호수에는 1천 개의 섬이 있는 것으로 알려져 있는데, 섬 주민들의 삶은 말로 표현할 수 없을 정도로 어렵습니다. 교육시설은 물론이고 의료시설이 전혀 없어 섬 사람들의 생명을 위협합니다.

빅토리아 호수에 두 척의 병원선을 만들어 섬 사람들과 호수 주변의 오지 마을 사람들의 건강을 보살피고 있습니다. 정기적으로 한국과 미국에서 의료봉사팀이 섬마을에 들어가 의료봉사뿐 아니라 복음을 전하는 것으로 섬마을에 복음이 전해지고 교회가 세워지고 있습니다.

고아원 사역도 마찬가지입니다. 콩고는 오랜 내전으로 수많은 고아들이 살아가는 땅입니다. 콩고에 설립된 NGO 단체 월드미션 프론티어는 콩고의 내전 지역인 남, 북 키부주의 주요도시인 고마, 부카부, 우비라에 각각 고아원을 설립하고 어린아이들을 말씀으로 양육하고 있습니다.

기독교인은 세상의 고통 속에서 NGO 단체를 통해 예수 그리스도의 손과 발이 될 수 있습니다. NGO는 하나님의 사랑을 삶으로 증거할 수 있는 통로이며, 복음을 위한 전략적 전초기지입니다.

예술·문화·체육-Arts & Sports

기독교인은 예술·문화·체육 분야에서 삶 전체를 예배로 복음을 전하는 삶을 살 수 있습니다. 예술, 문화와 스포츠는 국경과 언어, 종교를 초월하여 사람의 감정과 마음을 움직이는 강력한 영향력이 있습니다.

- 예술·문화 분야

예술을 통해 세속 문화에 침투한 왜곡된 가치를 정결하고 고결한 메시지로 대체할 수 있습니다. 영화, 음악, 문학, 미술 속에 성경의 주제를 스토리로 전달 가능합니다. 기독교 세계관을 반영한 문화 콘텐츠를 통해 대중이 자연스럽게 복음 메시지를 접하게 됩니다.

저술가 C. S. 루이스는 《나니아 연대기》를 통해 복음을 판타지로 전한 대표적인 사람입니다. 뮤지컬 배우 존 로빈스는 뮤지컬 "레미제라블"을 통해 신앙고백적 메시지를 확산하였습니다. 미켈란젤로는 〈천지창조〉와 〈최후의 심판〉을 시스티나 성당에 남겼습니다. 인간의 창조, 타락, 구속, 심판이라는 기독교의 구속사를 예술로 표현한 것입니다. 멜 깁슨 감독의 "패션 오브 크라이스트"는 예수 그리스도의 고난과 십자가 처형을 다룬 영화로 세계적으로 큰 영향을 미쳐 많은 사람들의 회심을 이끌어냈습니다.

저는 아프리카 복음화 대회 현장에서 음악, 뮤지컬과 한국의 전통 예술 공연을 적극 활용하였습니다. 청소년으로 구성된 오페라캘리포니아(단장 노형건)를 초청해서, 수만 명의 어린이 전도집회가 가능했습니다. 샛별전통예술단(단장 최지연)을 초청하여 한국-아프리카 문화교류 선교대회를 개최하기도 하였습니다. CCC찬양비전(단장 박종술 목사)은 대규모 전도집회를 통해 하나님을 찬양합니다.

월드미션 프론티어 키갈리 센터에는 뮤지컬 극장이 있습니다. 한국의 유명 뮤지컬 배우들을 중심으로 설립된 예술 선교 단체 보엠(대표 조이 킴 교수)과 협력사업으로 뮤지컬 공연과 교육을 통해 그리스도의 복음을 전한다는 목적으로 건축되었습니다.

– 체육(Sports) 분야

스포츠 스타는 청소년과 사회에 큰 영향을 주는 롤모델이 됩니다. 정직, 절제, 팀워크, 겸손 등 성경적 가치가 삶으로 나타나 팬들의 마음에 감동을 줍니다.

스포츠 선교는 복음 전파가 어려운 지역에서 관계 형성의 통로가 되고, 운동 후 말씀 나눔, 기도, 제자훈련으로 연결 가능합니다. 소외된 청소년들에게 스포츠 선교는 자존감 회복과 치유의 도구가 됩니다.

한국 축구계에서 이영무 선수는 경기장 안팎에서 신앙과 축구를 함께 실천한 선구적 인물입니다. 1970년대 국가 대표 선수였던 이영무 선수는 골을 넣을 때마다 운동장에 무릎을 꿇고 두 손을 모아 기도하는 모습으로 팬들에게 깊은 인상을 남겼습니다. 한국 최초의 프로팀인 '할렐루야 축구단'과 '임마누엘 축구단'을 만들어 감독을 역임했습니다. 목사가 된 이영무 목사는 해체 위기에 있던 할렐루야 축구단을 복구하여 아프리카와 남미지역에서 축구를 선교의 목적으로 사용하고 있습니다.

교회와 가정

그리스도인의 가정과 교회는 성경적 신앙과 인격, 그리고 건강한 사회 형성의 근간이 되는 매우 중요한 공동체입니다.

가정은 하나님께서 창조하신 공동체로, 생육과 번성, 사랑과 화목으로 자녀들에게 신앙을 전수하는 장소로 세워졌습니다. 가정은 신앙생활을 배우고 실천하는 가장 이상적인 곳입니다. 가정에서 예배, 성경, 기도 등 신앙 훈련이 이루어지며, 자녀들의 신앙의 뿌리와 인격의 기초가 형성됩니다. 가정은 하나님의 영광을 드러내고, 하나님의 뜻을 행하는 삶의 현장입니다. 부부와 자녀 모두가 주님의 사랑과 섬김을 실천하며, 서로를 존중하고 사랑하는 것이 중요합니다.

교회는 그리스도인 가정들이 모인 신앙 공동체로 함께 예배하고 교제하며 성장합니다.

교회는 말씀 교육과 다양한 사역을 통해 가정이 성경적 가치관을 회복하고, 자녀 신앙교육을 효과적으로 할 수 있도록 돕는 역할을 감당해야 합니다.

교회는 하나님의 나라를 이 땅에 드러내는 공동체입니다. 세상에 빛과 소금이 되어(마 5:13-16), 정의와 사랑의 본을 보이는 중심 역할을 합니다. 예수 그리스도의 몸으로서 교회는 세상의 상처를 싸매고, 가난한 자를 돕고, 진리를 선포하며, 복음을 실현해야 합니다.

가정이 바로 서야 교회가 건강해지고, 건강한 교회는 가정을 더욱 든든히 세워줍니다. 가정과 교회의 관계입니다. 교회는 가정의 회복을 위한 다양한 사역과 지원을 통해, 가정과 교회가 함께 성장하는 선순환을 이끌어야 합니다.

교회와 가정을 돌보기 위해 사역자들이 필요합니다. 사도 바울은 "어떤 사람은 사도로, 어떤 사람은 선지자로, 어떤 사람은 복음 전하는 자로, 어떤 사람은 목사와 교사로 삼으셨으니 이는 성도를 온전하게 하여 봉사의 일을 하게 하며 그리스도의 몸을 세우려 하심"(엡 4:11-12)이라고 하였습니다.

어떤 사역으로 부르시더라도 교회의 사역자가 되기 위해서는 소명감을 갖고 자기를 부인하고 자기 십자가를 지고 주님을 따라야 합니다(마 16:24). 전적인 자기 부정과 십자가 고난에 동참이 없이는 갈 수 없는 길입니다.

교회는 예수님의 지상명령을 수행하기 위해 안디옥 교회가 그랬던 것처럼 선교사를 훈련하고 지원해서 파송해야 합니다. 선교의 열망이 없는 교회는 목적지 없이 표류하는 난파선과 같습니다. 교회는 하나됨과 선교적 열정을 통해 주님의 몸으로 거듭나야 합니다.

가정과 교회는 이 세상의 어떤 것보다 소중한 공동체입니다. 가정과 교회를 섬기며 하나님의 나라를 세우는 일은 무엇보다 소중한 사명이 아닐 수 없습니다.

청년아 일어나 위대한 길을 가자!

1판 1쇄 인쇄 _ 2025년 8월 20일
1판 1쇄 발행 _ 2025년 8월 25일

지은이 _ 김평육
펴낸이 _ 이형규
펴낸곳 _ 쿰란출판사

주소 _ 서울특별시 종로구 이화장길 6
편집부 _ 745-1007, 745-1301~2, 747-1212, 743-1300
영업부 _ 747-1004, FAX 745-8490
본사평생전화번호 _ 0502-756-1004
홈페이지 _ http://www.qumran.co.kr
E-mail _ qrbooks@daum.net / qrbooks@gmail.com
한글인터넷주소 _ 쿰란, 쿰란출판사
페이스북 _ www.facebook.com/qumranpeople
인스타그램 _ www.instagram.com/qrbooks
등록 _ 제1-670호(1988.2.27)
책임교열 _ 오완·김영미

ⓒ 김평육 2025 ISBN 979-11-94464-97-6 03230

책값은 뒤표지에 있습니다.
이 출판물은 저작권법에 의해 보호를 받는 저작물이므로 무단 복제할 수 없습니다.
파본(破本)은 구입처에서 교환해 드립니다.